Minority Biblical Interpretation
마이너리티
성서해석

Minority Biblical Interpretation

마이너리티 성서해석

박홍순 지음

예영 B&P

서 문

　다양한 인종, 사회, 문화 그리고 종교를 가진 사람들이 함께 어울려 살아가는 현대사회에 있어서 무엇보다 중요한 것은 존중과 배려의 정신을 갖는 것이다. 인종적 편견이나 종교적 신념 혹은 정치적 이념을 통한 억압과 차별을 넘어서서 함께 공존하는 길을 모색하는 것은 무엇보다도 중요하다. 이와 같은 공존과 배려의 정신을 위한 성서 해석으로 마이너리티 성서 해석을 제안하고자 한다. 이 책은 마이너리티 성서 해석 가운데 인종적 정체성 주제에 주목하여 혼종적 정체성(hybrid identity)을 통한 공존과 통합의 가능성을 제안하고 있다.

　제1장에서는 인종적 정체성과 관련된 중요한 이슈를 소개하고 인종적 정체성으로 인하여 발생할 수 있는 문제에 질문을 제시하고 인종적 정체성의 문제를 푸는 해법을 살펴보고 있다. 획일적이고 가치중립적 개념으로서의 정체성이 아니라 혼종적이며 다중적인 용어로서의 정체성을 제안함으로써 인종적 차별이나 억압을 넘어서서 공존과 상생을 위한 가능성을 발견하려는 시도라고 할 수 있다.

제2장에서는 마이너리티 성서 해석의 중요한 주제 가운데 하나라고 할 수 있는 인종적 정체성과 관련된 성서 해석을 고찰하고 있다. 특히 누가복음과 사도행전의 유대인과 이방인의 현존 그리고 그들 사이에 형성될 것으로 추정할 수 있는 정체성의 긴장과 갈등으로 비롯된 새로운 정체성의 형성에 대하여 논하는 글이다.

제3장에서는 한국사회에 있는 이주 노동자의 신분과 역할에 대해서 신약성서의 빛에서 살펴 본 글이다. 특별히 조선족 이주 노동자의 현존에 관하여 신약성서의 나그네와 행인이라는 신분적 측면과 함께 '포도원 일꾼 비유'의 마지막 시간에 들어 온 노동자와 조선족 이주 노동자를 교차시키는 해석학적 관점으로 살펴보는 글이라고 할 수 있다. 이 글은 한민족 평화선교 연구소에서 출판한 「조선족 선교의 현실과 미래」에 2005년 4월에 기고한 "신약성서로 본 조선족 이주 노동자"라는 논문을 수정 보완한 글이다.

제4장에서는 한국사회의 새로운 쟁점으로 떠오르고 있는 북한이탈주민의 위상과 관련된 선교적 관점과 관련된 성서 해석을 시도한 글이다. 남한과 북한 사회를 모두 경험한 북한이탈주민을 위한 선교는 갈라디아서 3장 28절의 새로운 정체성을 제시하는 말씀에 주목하고 있다. 이 글은 한민족 평화선교 연구소가 주축이 되어 출간한 「홍성현 목사 고희 기념 논문집」에 기고한 "북한이탈주민 선교의 성서적 전거"라는 논문을 수정 보완한 글이다.

제5장에서는 마이너리티 성서 해석의 중요한 주제인 인종적 정체성 주제와 관련하여 사도행전의 첫 이방 그리스도인 개종자에 대하여 논의한 글이다. 이제껏 사도행전의 첫 이방 그리스도인을 로마 백부장 고넬료로 알고 있지만 이전에 등장하는 흑인 에디오피아 내시를 무시하는 이유가 인종중심적 시각과 연관이 있다는 것을 지적하는 글이다.

이 책의 출판은 새로운 해석학적 전환을 위하여 깊은 깨달음을 줄 뿐 아니라 '목소리 없는 사람들의 목소리(the voices of the voiceless)'에 대한 관심을 주었던 영국 버밍엄 대학교(The University of Birmingham) 스승 수기르타라자(R. S. Sugirtharajah)에게 감사한다. 언제나 중심이 아니라 주변에 관심을 갖도록 격려하며 함께 해 준 벗들에게 감사한다. 부족한 필자를 위해서 기도하며 기대하며 기다려 준 부모님과 가족들에게 감사한다. 부족한 글을 기꺼이 책으로 출판하도록 허락해 주신 예영 B&P의 조석행 사장님, 차순주 실장님께 진심으로 감사한다.

2006년 5월

박 홍 순

목 차

제1장 마이너리티 성서 해석을 위하여 / 11
   1. 문제제기 / 13
   2. 인종적 정체성 주제와 포스트콜로니얼 담론 / 14

제2장 인종적 정체성과 성서 해석 / 23
   1. 문제제기 / 25
   2. 유대인과 유대 그리스도인의 현존 / 26
   3. 이방인과 이방 그리스도인의 현존 / 29
   4. 인종적 정체성과 혼종적 정체성 / 37
   5. 결론 / 47

제3장 조선족 이주 노동자 선교와 성서 해석 / 51
   1. 문제 제기 / 53
   2. 신약성서와 한국사회의 이주 노동자 / 75
   3. 마태복음의 포도원 일꾼 비유와 이주 노동자 / 60
   4. 조선족 동포와 한국교회의 선교 / 70

제4장 북한이탈주민 선교와 성서 해석 / 75
    1. 문제제기 / 77
    2. 북한이탈주민의 정체성 문제 / 79
    3. 갈라디아서 3장28절에 나타난 정체성 논의 / 83
    4. 혼종적 정체성과 북한이탈주민 선교 / 89
    5. 결론 / 96

제5장 인종적 정체성과 사도행전의 포스트콜로니얼 성서 읽기 / 99
    1. 문제제기 / 101
    2. 포스트콜로니얼 성서 읽기 / 101
    3. 첫 이방 그리스도인 논의와 포스트콜로니얼 읽기 실천 / 105
    4. 결론 / 113

참고문헌 / 115

제1장
마이너리티 성서 해석을 위하여

제1장
마이너리티 성서 해석을 위하여

1. 문제제기

다문화적, 다인종적 그리고 다종교적 사회에서 살고 있다고 할지라도 지금의 세계는 아직도 인종적 편견으로 대립하고 종교적 신념으로 갈등하며 정치적 이데올로기의 깃발 아래에서 지배적 집단이나 국가가 피지배적 집단이나 국가를 억압하고 통제하고 있는 것이 현실이다. 이와 같은 현실에서 다음과 같은 질문을 제기할 수 있다. '다문화적, 다인종적 그리고 다종교적 사회에서 어떻게 서로의 문화적 차이와 다양성을 존중하며 함께 공존하면서 살 수 있는가? 어떻게 일방적이고 획일적 정체성을 강요하지 않고 오히려 상호접촉과 상호융합의 가능성과 잠재성을 인식하면서 다양한 정체성을 제안할 수 있는가?'

신약성서에 나타난 유대 그리스도인과 이방 그리스도인의 갈등과 공존과 연관된 '자기 긍정' 혹은 '자기 확인'을 의미하는 '정체성' 주제를 살펴보는 것은 의미 있는 일이다. 유대인과 이방인 사이의 문화적이고 인종적 차이가 현대 사회처럼 복잡하고 다양하지 않다고 할지라도 그들이 접촉하고 대면하는 장소에서 상당한 정체성의 긴장과 갈등이 있었을 것으로 추정할 수 있으며, 그리스도교 공동체 내에서 상이하고 다양한 차이를 인정하고자 시도하는 노력이 신약성서의 텍스트에 함축되고 있다고 추정할 수 있다. 신약성서의 유대인과 이방인과의 관계처럼 포스트콜로니얼 담론의 관심 가운데 하나인 '정체성(identity)' 주제와의 연관성을 파악하는 것은 중요하다. 이 글에서는 '정체성'이라는 용어의 적절한 정의를 살펴보고 그것이 다인종적, 다문화적 그리고 다양한 사회에서 새로운 혼종적(hybrid)이고 탈인종주의적(post-ethnic) 정체성을 요청하는 포스트콜로니얼 읽기의 중요한 관심 가운데 하나인 것을 논증하고자 한다.

2. 인종적 정체성 주제와 포스트콜로니얼 담론

인종적 정체성과 연관된 주제는 신약성서의 텍스트를 연구하고 해석하는데 매우 중요한 이슈다. 인종적 정체성의 문제는 포스트콜로니얼 주제 가운데 하나인 '정체성'의 주제와 밀접한 관련이 있다는 것을 발견할 수 있다. 여기서 포스트콜로니얼 주제의 하나로서 인종적 정체성에 대해서 간략히 고찰한 후 포스트콜로니얼 읽기와 해석의 가능성을 제안하고자 한다.

포스트콜로니얼 담론의 관심 가운데 하나인 '정체성'은 포스트콜로니얼 읽기와 해석을 위해서 매우 중요한 용어이다. '정체성'은 인종적, 사회적 그리고 종교적 자기인식과 자기긍정에서 비롯되는 개념이기 때문에 그 용어를 정의하는 것은 인종적 구별과 문화적 구분에서 비롯되는 긴장과 갈등의 문제를 분석하는데 있어서 무엇보다도 중요한 시도라고 할 수 있다. 과도하게 인종적이고 민족적 정체성을 강조하는 것은 억압적 민족주의의 측면으로 발전할 가능성을 가지고 있으며 이것은 결국 '인종차별(racial discrimination)'과 '인종적 우월성

(racial superiority)'이라는 부정적 측면을 생산해 낼 우려가 있다. 반면에 제국주의와 식민주의의 억압과 폭력에 저항하는 피억압자들에게 정체성과 관련된 주제는 제국주의와 식민주의적 가설과 의도에 저항할 수 있는 연대성을 제공하기 때문에 중요하다고 할 수 있다. 따라서 '정체성' 주제를 다룰 때 이와 같은 억압적 측면과 해방적 측면을 동시에 살펴볼 필요가 있을 뿐만 아니라 이항 대립의 구분을 통한 반목과 갈등에서 벗어날 수 있는 길을 제시할 필요가 있는 것이다. 포스트콜로니얼 읽기와 해석이 제안하고자 하는 것은 억압자와 피억압자 그리고 식민지배자와 피식민지배자가 문화적이고 사회적으로 '혼종(hybrid)'되어 있는 것을 인정할 필요가 있는 것이다. 다시 말해서 직, 간접적으로 억압자와 피억압자 또는 식민지배자와 피식민지배자는 문화적으로 서로에게 영향을 주고받았다는 것을 인식할 필요가 있는 것이다. 이와 같은 식민지배자와 피식민지자의 상호접촉과 상호연관의 개연성과 가능성은 '순수하고 획일적 정체성'을 제안할 수 없고 오히려 '다양하고 혼종적 정체성(multiple and hybrid identity)'을 요청하게 된다.

'정체성'이라는 용어가 해방적 측면과 억압적 측면을 모두 지니는 양가적 용어이기 때문에 고정되고 불변하는 개념으로 정의할 수 없다. 오히려 그 용어가 지니는 변화 가능성과 융통성을 강조할 필요가 있다. '정체성'이 발생하는 자리는 '본질(essence)'에 대한 인식에서 출발하는 것이 아니라 '차이(difference)'에 대한 인식에서 출발하는 것을 지적할 필요가 있다. 차이에 대한 인식의 자리가 곧 바로 정체성의 자리인 것은 그곳에 차별과 구분의 간극이 형성되기 때문이다. 다시 말해서 '정체성'이 본질을 통한 것이 아니라 오히려 차이를 통해서 형성되며 동시에 다른 집단 혹은 다른 개인과의 끊임없는 접촉과 상호침투의 결과로 생산된다는 것을 기억해야만 한다. 차이를 통해서 형성되는 정체성의 다차원적 측면은 일방적 시각에서 해석될 수 없고 다양한 시각을 통해서 이해되어져야만 할 것이다. 정체성의 형성은 본질이 아니라 차이를, 고립이 아니라 상호작용을 통해서 이루어지는 것이기 때문에 객관적, 보편적 그리고 가치중립적 정체성을 정의할 수는 없다. 만약 순수하고 본질적 의미의 정체성을 상정하고자 한다면 그것은 인종 중심적 시각과 밀접한 관련성을 지니게 된다. 또한 그것은 곧바로 다른 정체성을 억압하고 지배하려는 제국주의적 속성을 갖게 될 위험에 노출된다. 그러나 문화와 사회가 혼종적(hybrid)으로 형성 되고 있기 때문에 다양한 정체성의 의미를 지니고 접근할 수밖에 없을 것이다. 이와 같은 혼종적이고 상호연관성을 지니고 있는 정체성의 제안은 곧바로 제국주의적 억압과 민족주의적 독단을 넘어설 수 있는 '탈민족주의적 정체성(post-national identity)'을 제안할 수 있는 계기를 마련하게 된다. 홀(Stuart Hall)은 다음과 같이 정체성을 정의한다:

> 정체성은 우리가 생각하는 것처럼 투명하거나 문제가 없는 것이 아니라 아마도 새로운 문화적 실천이 재현되는 이미 수행된 사실로서 정체성을 생각하는 대신에 우리는 결코 완성되지 않고, 항상 진행 중이고, 항상 외부로부터 아니라 재현 내에서 구성되는 산물로서 정체성을 생각해야만 한다.[1]

미완의 유동적 정체성을 제안하는 것은 차이와 통합을 통해서 상황과 위치에 따라서 적절한 정체성을 제안하고, 보편타당하고 객관적이며 가치중립적 정체성의 제안을 거부하는 것이다. 다양한 정체성의 제안은 곧바로 인종 중심적 가설을 넘어설 수 있는 단초를 제공한다.

---

[1] Sturat Hall, "Cultural Identity and Diaspora", Patrick Williams and Laura Chrisman (eds.), *Colonial Discourse and Post-Colonial Theory: A Reader* (London: Harvester Wheatsheaf, 1994), 392.

인종 우월주의나 인종차별적 시각으로부터 제국주의적이고 식민주의적 가설과 의도들이 형성되고 있다는 것을 인식하는 것은 중요하다. 물론 차이와 구별을 통한 정체성이 식민지적이고 제국주의적 가설로부터 해방적 기능을 수행했다는 사실을 인정한다고 할지라도 그러한 해방적 기능이 또 다른 차원의 억압적 측면으로 변질될 가능성과 잠재성을 지적할 필요가 있다. 서구 중심적인 순수하고 보편적이고 객관적 가설을 '혼종적 정체성'을 통해서 비판적으로 평가할 필요가 있다. 서구의 해석학적 시각의 근거가 되고 있는 '유럽중심주의(Eurocentrism)'의 토대인 헬라적 문화의 혼성성 혹은 혼종적 현상에 대해서 지적할 필요가 있다. 사이드(Edward Said)는 헬라문화의 혼성성을 강조하고 있다:

> 희랍 문명은 분명 이집트와 셈족 그리고 그 외 동쪽이나 남쪽의 문화에 뿌리를 두고 있음에도 불구하고 … 셈족과 아프리카의 뿌리는 정화되거나 사라졌다. 희랍 작가들은 자신들의 문화적 혼성성을 인정했으나 유럽 문헌학자들은 희랍의 순수성을 지키기 위해서 그 구절을 무시하는 이데올로기적 습관을 갖았다.[2]

유럽중심주의적이며 인종중심주의적인 가설과 의도는 서구의 우월성과 보편성을 강조하는 관점으로 비서구 사회와 문화를 통제하고 지배하려는 식민주의적이고 제국주의적 기획들을 정당화하고 합법화하는데 사용되어졌다. 그러나 모든 문화가 서로 침투하고, 상호 연관되고, 상호접촉하고, 상호융합의 가능성과 잠재성을 가지고 있다는 점을 인정하게 되면 순수하고 객관적이고 가치중립적 '정체성'을 제안할 수 없으며 오히려 다양하고 양가적이고 변화 가능한 '정체성'을 제안하게 된다. 이와 같은 혼종적이며 양가적인 정체성의 의미를 통해서

---

2) Edward W. Said, *Culture and Imperialism* (London: Vintage, 1993), 16.

서구와 비서구, 우월과 열등, 문명과 야만의 식민주의적이고 제국주의적 이항 대립적 논리와 가설을 넘어설 수 있게 될 것이다.

'정체성' 주제와 관련해서 포스트콜로니얼 읽기의 특징을 살펴보는 것은 의미가 있다. 포스트콜로니얼 비평은 '하나의 비판적 읽기 전략(a critical reading strategy)'으로 이제까지 숨겨지고 가려지고 막혀진 목소리들을 해석의 전면에 드러내는 동시에 억압적이고 지배적인 해석학적 권위를 전복하려는 읽기 실천이라고 할 수 있다. 포스트콜로니얼 읽기는 또한 식민지적이고 제국주의적 가설과 의도를 대위법적(contrapuntal)으로 다시 읽고 식민지배자와 피식민지배자들 사이의 문화적이고 사회적 상호융합과 상호연관의 가능성을 인식하는 읽기 실천이다. 수기르타라자(R. S. Sugirtharajah)는 포스트콜로니얼 비평을 다음과 같이 정의한다:

> 그것(포스트콜로니얼 비평)은 또한 과거와 현재의 해방투쟁과 같은 포스트콜로니얼 관심의 시각으로부터 성서 텍스트를 다시 읽는 재구성적 읽기를 수행할 것이다; 그것(포스트콜로니얼 비평)은 텍스트에 새겨진 하위 계급(subaltern)과 여성해방적 요소에 민감하게 될 것이다; 그것(포스트콜로니얼 비평)은 혼종성, 파편화, 탈영토화 그리고/또는 외국계, 이중 또는 다중 정체성과 같은 포스트콜로니얼 상황들과 상호작용하고 반영할 것이다.[3]

성서 텍스트를 다시 읽는다는 것은 서구중심의 해석학적 시각으로 인해서 소외되고 주변화 된 요소들을 본문 해석의 전면에 부각시키는 것이다. '정체성' 주제와 관련된 주변화 된 본문들은 인종중심적인 시각에 의해서 억압되고 침식된 본문들을 의미하는 것이다. 그것은 또한

---

3) R. S. Sugirtharajah, "A Brief Memorandum on Postcolonialism and Biblical Studies", *Journal for the Study of the New Testament* 73(1999), 5.

객관적, 보편적 그리고 가치중립적 시각으로 인해서 다양한 정체성의 가능성과 잠재성을 차단하는 본문 읽기라고 할 수 있다. 이와 같이 소외되고 주변화 된 본문들을 다시 읽고 재구성하기 위해서 해석자와 독자가 어떤 위치(position)에 서 있는가를 분석할 필요가 있다. 포스트콜로니얼 시각으로 성서를 다시 읽는다면, 저자의 위치뿐만 아니라 성서 본문과 그것을 해석하는 연구자의 읽기 실천까지 모두 검토하고 조사하고자 시도하는 다시 읽기와 해석이라고 할 수 있다. 포스트콜로니얼 읽기 실천을 제안하고자 할 때 해석자와 독자의 위치를 살펴볼 뿐만 아니라 또한 지식과 권력의 상관관계를 인식할 필요가 있다. 이(Gail A. Yee)는 다음과 같이 서술한다:

> 어떻게 나의 성서 읽기가 나의 배우자, 아이들, 종교 공동체, 민족 공동체, 지구적 공동체에서 타자들과 나의 관계에 영향을 주는가? 나의 읽기가 사회 변형에 도움이 되는가? 또는 그것이 의식적으로 현실 유지를 확고히 하고 성차별, 인종차별, 반유대주의, 계급주의 그리고 제국주의와 공모하고 있는가? 나의 읽기는 누구의 권력 집단들과 이해를 위해서 섬기는가 또는 섬기지 않는가? 어떤 권력 단체들이 나의 읽기의 진실성을 결정하는 말을 갖고 있는가? 나의 관심은 의미의 질문이 담론과 권력의 관계 내에서 보다 넓게 형성된다는 것이다. 독자에 의해서 본문에서 의미를 생산하고 의미의 소비를 가능하게 하는 의미를 만드는 권력의 사회적 위치는 무엇인가?[4]

포스트콜로니얼 읽기는 식민지적 논리와 기획들이 정당화되고 합법화되는 읽기를 전복하는 읽기 실천이다. 그것은 또한 식민지적 가설과 이데올로기에 의해서 침묵된 본문의 소외되고 주변화 된 목소리를

---

4) Gail A. Yee, "The Author/Text/Reader and Power: Suggestions for a Critical Framework for Biblical Studies", Fernando F. Segovia and Mary Ann Tolbert (eds.), *Reading from this Place: Vol.1: Social Location and Biblical Interpretation in the United States* (Minneapolis: Fortress Press, 1995), 117.

발견하는 것을 의미한다. 성서의 탈식민지성에 관해서 수기르타라자 (Sugirtharajah)는 다음과 같이 주장한다:

> 탈식민성은 성서에 대해서 신선한 질문을 가지고 온다. … 성서 저술들의 대부분은 따라서 제국적 상황에 놓여 있고 이스라엘을 향한 군국주의적인 팽창주의적 충동에 종사하고 있는 이집트, 앗시리아, 페르시아 그리고 로마의 충동에 반응하는 것으로 만들어졌다. 그와 같은 상황에서 시작되는 성서적 서술의 실질적 부분은 민족주의, 인종성, 비영토화, 다중 정체성 그리고 국적과 같은 식민주의적 결과로서 제기되는 질문들을 다룬다.[5]

성서가 담고 있는 질문은 '정체성' 주제와 관련된 많은 부분들을 내포하고 있다고 할 수 있다. 이와 같은 질문과 함께 포스트콜로니얼 성서 해석의 빛에서 "본문 해석의 역사에서 반유대교, 성차별주의, 문화적이고 종교적 제국주의의 교차점을 폭로하고 조사해야만 한다"[6]고 할 수 있다. 이와 같은 비판적 성서 읽기는 성서가 배태되어진 문화적, 사회적, 인종적 배경을 무시할 수 없다. 다시 말해서 다인종적, 다문화적 그리고 다종교적 배경과 영향 아래에서 기록된 성서가 고정된 유럽 중심주의적 시각과 해석에 의해서 왜곡될 가능성을 지적하지 않을 수 없다. 곽퓨란(Kwok Pui-lan)은 다음과 같이 주장한다:

> 성서는 팔레스타인, 메소포타미아, 아프리카 그리고 지중해 세계에 살고 있는 다른 인종들과 사람들의 풍부한 문화로부터 출현했다. 그리스도교 교회의 역사에서 성서는 크게 백인, 남성 그리고 성직자의 시각으로부터 해석되어졌다. 결과적으로 성서적 서술에 다른

---

[5] R. S. Sugirtharajah, *Asian Biblical Hermeneutics and Postcolonial Contesting the Interpretation* (Maryknoll: Orbis Books, 1998), 19.
[6] Kwok Pui-lan, *Discovering the Bible in the Non-Biblical World* (Maryknoll: Orbis Books, 1995), 79.

문화들, 인종적 관계의 정치학 그리고 여성의 숨겨진 목소리들 사이의 역사적 만남의 예민함은 매우 편향된 관점으로부터 간과되거나 또는 해석되어졌다. 성서는 인종차별주의, 성차별주의와 문화적 차별주의를 용서하도록 사용되어졌다.[7]

포스트콜로니얼의 관심으로서 '정체성' 주제를 살피고자 할 때, 성서 텍스트와 함께 성서 텍스트를 해석하는 성서학자들의 읽기와 해석이 인종중심주의, 유럽중심주의, 문화적 우월주의, 식민주의적 가설과 이데올로기와 관련해서 어떤 위치에 서 있는가를 살펴보는 것은 매우 중요하다. 성서 해석의 유럽중심적이고 인종중심적인 왜곡된 시각들을 비판적으로 평가할 뿐만 아니라 포스트콜로니얼 성서 읽기 실천을 통해서 다양하고 다차원적 읽기와 해석의 가능성을 발견할 필요가 있다.

정체성은 고정되거나 가치중립적 용어가 아니라 문화적이고 사회적 만남과 접촉의 결과로 상호침투하고 상호 연관되어 있다는 것을 인식할 수 있다면 다양하고 혼종적 그리고 다중적 정체성의 가능성을 인식할 수 있다. 성서 텍스트와 관련해서 다양한 인종과 문화의 접촉과 만남을 상정할 수 있고 그와 같은 만남과 접촉은 결국 다양한 정체성의 형성을 추정할 수 있게 한다. 성서 텍스트와 그 해석과 관련해서 정체성은 매우 중요한 주제이며 이러한 주제에 대한 포스트콜로니얼 읽기는 매우 적절한 시각을 제공해 준다고 할 수 있다. 고정되고, 유일하고, 가치중립적인 정체성을 제안하는 것보다 오히려 다양한 인종, 문화, 사회와의 만남과 접촉 그리고 상호침투의 결과를 통한 혼종적이고 다중적 정체성을 제안하고 인식하는 것은 성서 읽기와 해석의 지평을 넓히는데 효과적인 시각을 제공할 것이다.

---

7) Ibid., 84.

제 2장
인종적 정체성과 성서 해석

제 2장
인종적 정체성과 성서 해석

1. 문제제기

　신약성서 누가-행전의 텍스트는 유대 그리스도인과 이방 그리스도인의 '정체성'의 주제를 포괄하고 있다. 누가-행전의 유대인과 이방인 묘사를 통해서 그들이 누가 텍스트의 중요 등장인물이었고, 그리스도교 공동체 안에서 그들의 공존은 '정체성'의 갈등과 긴장을 함축하고 있었다고 추정해 볼 수 있다. 누가-행전에 나타난 유대 그리스도인과 이방 그리스도인의 주제를 자기긍정 혹은 자기 확인을 의미하는 '정체성' 주제와 관련해서 살펴보는 것은 의미 있는 일이다. 유대인과 이방인 사이의 문화적이고 인종적 차이가 현대 사회처럼 복잡하고 다양하지 않다고 할지라도 그들이 접촉하고 대면하는 장소에서 상당한 정체성의 위기와 갈등을 추정할 수 있으며, 그리스도교 공동체 내에서 상이하고 다양한 차이를 인정하고자 하는 노력이 누가-행전 텍스트에 함축되고 있음을 추정할 수 있다. 누가-행전의 유대인과 이방인과의 관계를 포스트콜로니얼 담론의 관심 가운데 하나인 '정체성(identity)'과 관련해서 다루고자 한다. 이 글에서는 유대인과 이방인의 현존, 유대 그리스도인과 이방 그리스도인의 현존 그리고 인종적 정체성과 새로운 정체성의 제안에 대해서 살펴보고자 한다.

2. 유대인과 유대 그리스도인의 현존

누가-행전의 저자는 분명하게 누가-행전에서 유대인의 현존을 묘사하고 있으며 또한 유대 그리스도인의 현존을 추정해 볼 수 있다. 누가는 유대인이 예수와 그의 제자들과 밀접한 연관성 속에서 살고 있었다고 지적하는 듯하다. 이와 같은 유대인의 현존은 몇 가지로 분류하여 살펴볼 필요가 있다.

첫째로 누가는 일반적 유대인의 현존을 소개한다. 이들은 대략적으로 서술적 묘사와 관련되어 나타나고 있는데 이들은 누가-행전의 저자가 살던 시대의 유대인 또는 유대 그리스도인이 아니라 일반적인 전체로서의 유대인에 해당된다고 할 수 있다. 누가는 이러한 일반적 의미의 유대인을 유대와 예루살렘에 거주하는 유대인과 디아스포라 유대인으로 구분하고 있는 것처럼 보인다. 이들은 누가-행전의 저자가 살던 시대에 누가가 실제적으로 접촉하고, 만나는 유대인이 아니라 오히려 일반적으로 소개되는 유대인에 대한 묘사와 관련된다고 할 수 있다. 둘째로 누가는 '바리새인(pharisee)'과 '바리새인의 배경을 가진 그리스도인(pharisaic Christian)'의 현존을 소개한다. 아마도 이들이 혼용되어 나타나기는 하지만 유대 그리스도인(Jewish Christian)의 현존을 추정하게 하는 사람들이라고 할 수 있다. 이들은 아마도 누가가 실제적으로 접촉하고 만나고 있는 유대인으로 추정할 수 있다.

이와 같이 누가-행전의 저자는 예수 당시의 유대인과 누가 당시의 유대인을 소개하면서 예수 시대의 유대인과 누가 시대의 유대인을 구별하려고 시도하는 것처럼 보인다. 또한 유대 그리스도인의 현존을 소개함으로써 누가-행전에서의 그들의 위치와 역할을 나타내고자 한다. 이와 같이 누가-행전에 등장하는 유대인의 현존을 통해서 유대인, 유대 그리스도인, 디아스포라 유대 그리스도인과 같이 다양하게 문화적, 사회적 접촉과 관계를 갖고 있는 사람들의 '이중적 혹은 다중적 정체성(double or multiple identity)'이 요구되었을 것으로 추정해 볼 수 있다. 유대인 또는 유대 그리스도인이 가지고 있는 종교적이고 인종적 정체성이 이방인 또는 이방 그리스도인과의 접촉과 공존을 통해서 혼종적 정체성을 요청하게 되어지는 상황과 맥락을 고찰할 필요가 있는 것이다. 유대인의 묘사에 대한 누가의 신학적 의도를 적절히 파악함으로써 유대인의 현존과 관련한 정체성 주제를 적절히 다룰 수 있게 될 것이다.

누가-행전에 나타나는 유대인을 살펴볼 때 "유대에 있는 유대인과 디아스포라 유대인이 구별되고 있음"[8]을 발견하게 된다. 누가는 유대인과 관련된 묘사에 있어서 이중적 태도(ambivalent attitude)를 취하는 것처럼 보인다. 다시 말해서 누가는 예수의 죽음과 관련해서 유대인들 전체에 책임을 부과하는 것과 동시에 계속적으로 유대인을 회개와 구원의 자리로 초청하는 모호하고 양가적 경향과 태도를 보여주고 있는 것을 알 수 있다. 이것은 아마도 누가가 유대 그리스도인과 관련된 그의 신학적 의도를 보여 주는 것처럼 보인다. 누가는 전체로서 '유대인 일반' 보다는 '유대 그리스도인'을 염두에 두고 누가-행전의 중요한 등장인물로서 묘사하고 서술하고 있다는 것을 발견할 수 있다. 누가-행전의 암시적 등장인물인 유대 그리스도인과 관련해서 누가가 의도하는 바는 무엇인가? 누가가 누가-행전에서 경험했던 유대인은

---

8) Stephen G. Wilson, "The Jews and the Death of Jesus in Acts", Peter Richardson and David Granskou (eds.), *Anti-Judaism in Early Christianity: Paul and the Gospels*. Vol.1 (Waterloo: Wilfrid Laurier University Press, 1986), 159.

'디아스포라 유대인(diasporic Jews)'이 대부분이었을 것이다.[9] 디아스포라 유대인은 그들 자신의 공통된 역사와 공유된 문화로 인해서 하나가 되고, 할례의 신체적 표시를 통해서 그들의 이웃과 구별되는 단일한 백성이라고 스스로 생각했다.[10] 이와 같은 분명한 인종적이고 종교적 구별을 통해서 유대인 스스로 나름대로의 정체성을 확보했을지라도, 그들은 이방 이웃들과의 문화적, 인종적 그리고 종교적 정체성의 갈등을 경험하지 않을 수 없었을 것이다. 에슬러(Philip Francis Esler)는 그 점에 대해 다음과 같이 서술한다:

> 누가 공동체 안에 유대적 현존의 개연성을 버릴 수는 없다. 누가의 그리스도교 회중과 제도화 된 유대교와의 분리에 있어서 누가 공동체는 아직도 상당수의 유대인을 포함하고 있다. 그들은 이방인과의 식탁교제로 인해서 유대적 종족 정체성이 위험해 지면서 동료 유대인에게 배척당하고, 그들이 그리스도교 공동체를 떠나도록 하는 유대적 운동의 목표가 되었다. 그들은 그들의 회심이 정당한 것이었다는 상당한 확증이 요구되었다. 그 목적 가운데 하나는 누가가 그와 같은 확증을 그의 공동체에 있는 유대적 구성원들에게 제공하고 있는 것이다.[11]

유대 그리스도인은 당시 동료 유대인과의 갈등의 원인이었을 뿐만 아니라 이방 그리스도인과의 정체성 위기에 처해 있었을 것으로 상정할 수 있다. 누가가 유대 그리스도인의 현존에 관심을 갖는 사실은 누가-행전 저자의 신학적 의도를 파악하는 중요한 암시가 될 수 있다. 유대 그리스도인의 현존을 소개하는 누가-행전의 텍스트는 그들이

---

9) Jack T. Sanders, *The Jews in Luke-Acts* (London: SCM Press, 1987), 245.
10) Christopher D. Stanley, "'Neither Jew Nor Greek': Ethnic Conflict in Graeco-Roman Society", *Journal for the Study of the New Testament* 64(1996), 111-112.
11) Philip Francis Esler, *Community and Gospel in Luke-Acts: The Social and Political Motivations of Lucan Theology* (Cambridge: Cambridge University Press, 1987), 45.

암시적 이방 그리스도인과 종교적이고 문화적 정체성의 갈등을 유발하고 있다는 것을 지적할 필요가 있다. 따라서 유대 그리스도인의 현존과 관련된 누가의 신학적 입장을 살펴볼 필요가 있다. 누가가 어느 정도 반유대적인 경향을 지니고 예수 시대의 유대인을 묘사하고 있다고 할지라도 그는 그의 시대의 유대 그리스도인의 현존을 무시하거나 간과할 수 없었던 것처럼 보인다. 왜냐하면 이방 그리스도인의 현존이 유대 그리스도인의 현존과 밀접한 관련을 가지고 있기 때문에 누가는 유대 그리스도인의 현존을 호의적으로 묘사하고자 시도하고 있는 것이다. 누가는 유대의 전통과 관습을 폐기하거나 비판하는 것이 아니라 오히려 이방 그리스도인의 입장을 고려해서 재해석하려고 시도하고 있다고 할 수 있다. 그가 명백히 예수의 죽음과 관련된 예루살렘의 유대인에 대한 책임을 지적하면서 반유대적인 경향을 가지고 있다고 할지라도, 그가 경험하고 접촉하고 만나고 있는 실제적 유대 그리스도인의 현존은 결코 간과할 수 없는 중요한 현실이었을 것이다.

3. 이방인과 이방 그리스도인의 현존

'이방인(the gentile)'이란 용어는 유대인이 아닌 모든 민족들에 대한 배타적 의미를 포괄하는 용어로 유대 중심적 시각에서 비롯되었음을 지적할 필요가 있다. 유대 중심적 시각을 반영하는 이 용어는 또한 인종 중심적(ethnocentric) 경향과 밀접한 관련이 있다는 것을 지적하는 것이 중요하다. 살몬(Marilyn Salmon)은 "이방인이라는 용어는 명칭 그 자체는 세계에 대한 유대의 관점을 반영한다"[12]고 주장한다.

---

12) Marilyn Salmon, "Insider or Outsider? Luke's Relationship with Judaism", Joseph B. Tyson (ed.), *Luke-Acts and the Jewish People: Eight Critical Perspectives* (Minneapolis: Augsburg Publishing House, 1988), 80.

그러나 유대인이 아닌 다른 인종들의 현존을 누가-행전의 본문들에서 쉽게 발견할 수 있다. 스텐리(Christopher D. Stanley)는 유대인이 이방인으로서 총괄해서 언급하는 사람들은 그들 자신을 "헬라인, 로마인 … 그리고 다양한 다른 인종적 사람들의 구성원으로서 자신들을 정의한다"[13]고 주장하면서 다양한 인종적 배경을 가진 사람들이 누가-행전에 등장하고 있음을 지적하고 있다. 누가-행전의 유대인과 이방인과 관련된 주제를 고찰하고자 할 때, 유대인과 헬라인, 유대인과 로마인, 유대인과 사마리아인과 같이 구체적으로 인종적 분류를 시도하여 분석하는 것이 타당하지만 누가-행전에 등장하는 몇몇 이방 등장인물을 제외하고는 그들의 인종적 배경을 확실히 알 수 없는 한계를 인식하면서 이 글에서는 편의상 유대인과 이방인의 분류를 통해서 논의를 전개하고자 한다.

먼저 누가-행전에 소개되는 하나님 경외자로서 이방인의 현존을 살펴보고자 한다. '하나님 경외자(Godfearer)'라는 용어는 회당이나 교회에 참여하는 이방인의 현존을 그와 같은 용어로 이름 붙였을 것으로 추정할 수 할 수 있다. '하나님 경외자'라 불리는 이방인에 대한 인종적, 문화적, 사회적인 분석이 어렵다는 인식에서 출발할 필요가 있다. 단지 '하나님 경외자'에 대한 논의는 유대교와 유대교의 종교적 실천에 보이고 있는 그들의 태도를 통해서 알 수 있을 뿐이다. 일반적으로 많은 이방인이 유대교의 종교적 실천에 매력을 느꼈던 것처럼 보인다. 이와 같이 유대교의 종교적이고 문화적 측면에 호감을 갖고 호의적인 태도를 보이는 사람을 성서학자들은 '하나님 경외자'로 부르고 있는 것이다. 심(David Sim)은 다음과 같이 서술한다:

---

[13] Christopher D. Stanley, op.cit., 105.

고대 세계에서 많은 이방인들이 유대교에 매력을 가졌다는 것은 잘 알려져 있다. 그들은 특별히 히브리어의 경건 속에 표현되고 많은 유대인들 스스로 모범이 되는 것처럼 그것의 고아함, 그것의 엄격한 단일신론 그리고 그것의 고도의 도덕적 특징에 의해서 인상을 받았다.[14]

유대교의 종교 실천에 매력에 느끼면서 살았던 유대인의 지지자로 자처했던 사람들의 현존을 상정할 수 있는 것이다. 대부분의 누가-행전의 연구자들은 이와 같은 '하나님 경외자'에 대해서 대체로 의견일치를 보는 것처럼 보인다. 케드베리(Henry J. Cadbury)는 "사도행전은 일부의 사람들이 본질적으로 추정하는 저자 자신도 전적으로 개종자가 되지 않고 이교도로부터 그리스도교의 이 길을 따랐던 유대교에 대해 매력을 가졌던 하나님 경외자 또는 이방인에 관해서 많이 언급한다"[15]고 주장한다. 유대교에 관심을 갖았던 이방인의 현존은 이방 그리스도인의 현존을 상정할 수 있는 중요한 요소라고 할 수 있다. 따라서 누가-행전 연구자들이 주장하는 '하나님 경외자'에 관한 논의를 살펴볼 필요가 있다.[16] 이방인의 현존을 지적하는 대부분의 누가-행전 연구자들은 그들이 유대교의 종교적 실천에 상당한 관심을 가지고 있었다고 지적하지만, 그들이 이방인으로서 문화적, 사회적 그리고 인종적 갈등이나 위기를 경험하고 있다는 사실을 간과하는 것처럼 보인다. 누가는 분명히 누가-행전에서 유대인과 이방인 혹은 유대 그리스도인과 이방 그리스도인이 문화적, 종교적, 인종적 갈등과 긴장이 있음을 묘사하고 있는 것처럼 보인다(행전 10-11장, 15장). 이방인의

---

14) David Sim, "Christianity and Ethnicity in the Gospel of Matthew", Mark G. Brett (ed.), *Ethnicity and the Bible* (Leiden: E. J. Brill, 1996), 173.

15) Henry J. Cadbury, *The Making of Luke-Acts* (London: Macmillan and Co., Limited, 1927), 272-273.

16) David Sim, op.cit., 173; Philip Francis Esler, op.cit., 36을 참조하라.

현존이 그(또는 그녀)가 하나님 경외자라고 할지라도 유대적 배경을 지니고 있던 유대 그리스도인과의 사이에 분명한 정체성의 문제를 야기했음을 인식할 필요가 있다. 누가는 유대 그리스도인과 이방 그리스도인 사이의 정체성의 갈등과 긴장을 알고 있었던 것처럼 보이고 그와 같은 정체성의 주제에 관심을 갖고 새로운 정체성을 제안할 필요가 있었음을 지적할 필요가 있다.

이방인의 현존 가운데 가장 뚜렷한 등장인물이라고 할 수 있는 로마인의 현존을 살펴봄으로써 이방인 묘사와 관련된 누가의 신학적 입장을 고찰할 수 있다. 로마인의 현존과 관련해서 예수의 죽음에 직접적으로 관여했던 결과로 부정적으로 묘사되는 로마제국을 대표하는 정치적 권위와 유대교 또는 그리스도교의 종교적 실천에 호감을 가졌던 누가 시대의 이방 그리스도인으로서 개개인의 로마인을 구별할 필요가 있다. 이와 같은 구별은 유대인의 현존과 마찬가지로 예수 시대의 로마인과 누가 시대의 로마인의 현존을 구별하려는 누가의 신학적 의도처럼 보인다. 로마인의 현존은 분명히 제국주의와 민족주의 담론의 갈등과 긴장을 포괄하는 주제이지만 누가는 이와 같은 정치적 문제를 간과하거나 무시하는 것처럼 보인다. 오히려 누가는 로마제국 권위의 입장에 서서 그들의 목소리를 대변하고 있는 것으로 추정해 볼 수 있다.

우선 예수의 죽음에 직접적으로 관여한 인물이었던 로마 총독 빌라도를 살펴볼 필요가 있다. 빌라도는 누가 시대의 로마인이 아니라 예수의 수난 이야기 전승에 등장하는 로마제국의 권위를 대표한다. 로마제국의 권위는 예수의 죽음에 직접적으로 관여했고, 예수의 처형의 참여자들이다. 이들에 대한 일반적 평가는 그들이 누가-행전의 그리스도인과 아무런 관련이 없다는 것이다. 가스톤(Lloyd Gaston)은 "로마인들은 친구도 적도 아닌 관계가 없는 것으로 단지 주변부에서 나타난다"[17]고 주장한다. 또한 필그림(Walter E. Pilgrim)도 "로마는 친구도 교회의 동역자도 아니다"[18]라고 주장한다. 이와 같은 주장은 예수 시대의 로마인과 누가 시대의 로마인의 현존을 구별하는데 실패하고 있다고 할 수 있다. 예수 시대의 로마제국의 권위는 유대인을 위협하는 권위였지만, 누가 시대의 개별적 로마인들은 예수의 제자들과 추종자들, 특히 바울과 같은 유대의 그리스도교 선교사들에게 호의적인 태도를 보이는 것으로 묘사되고 있다는 사실을 지적할 필요가 있다. 누가가 예수 시대의 로마제국의 정치적 권위보다는 오히려 당시 누가가 접촉하고, 경험했던 개별적 로마 그리스도인에 관심을 가지고 있었다고 할 수 있다. 다른 이방인의 인종적 배경과 기원을 소개하지 않는 것과는 달리 누가는 로마인의 현존을 분명하게 소개하면서 그들을 호의적으로 묘사한다는 것 자체가 바로 누가-행전의 저자가 로마인에게 상당한 관심을 지니고 있다는 것을 암시하는 것이다. 이와 같은 누가의 친로마적 성향에 대해 뤼데만(Gerd Lüdemann)은 "빌라도가 지각 있는 지배자였다는 신약성서 복음서들의 암시가 큰 사기였다는 것이 틀림없다"[19]고 강하게 비판하고 있다. 분명히 누가는 로마제국의 정치적 권위에 대해 상당한 호감을 갖고 있는 것처럼 보인다. 포스트콜로니얼 담론의 빛에서 누가는 로마제국의 정치적 권력을 대변하는 지식인(co-opted intellectual)의 위치에 서 있는 것처럼 보인다.

---

17) Lloyd Gaston, "Anti-Judaism and the Passion Narrative in Luke-Acts", Peter Richardson and David Granskou (eds.), *Anti-Judaism in Early Christianity: Paul and the Gospels*. Vol.1 (Waterloo: Wilfrid Laurier University Press, 1986), 132.
18) Walter E. Pilgrim, *Uneasy Neighbors: Church and State in the New Testament* (Minneapolis: Fortress Press, 1999), 142-143.
19) Gerd Lüdemann, *The Unholy in Holy Scripture: The Dark Side of the Bible* (London: SCM Press Ltd, 1997), 97-98.

둘째로 로마인 개개인의 현존을 살펴보고자 한다. 그들은 로마제국의 정치적 권위와 달리 긍정적 측면으로 묘사되고 있다는 것을 지적할 필요가 있다. 에슬러(Esler)는 "누가 공동체에 로마인들이 있었다는 상당한 증거가 있다(눅 7:1-10; 23:47; 행전 10:11 이하)"[20]고 주장하고 있으며, 목스네스(Halvor Moxnes)는 누가-행전의 이방 그리스도인으로서 로마인의 현존은 "인종적 혼합의 전조"[21]라고 주장하면서 다양한 인종의 공존에 대한 가능성을 제시하고 있다. 다시 말해서 누가-행전의 유대 그리스도인과 로마 그리스도인이 접촉하고 만남으로써 인종적이고 사회적 그리고 문화적 충격과 갈등을 양자 모두가 경험했을 가능성을 지적할 수 있는 것이다. 에슬러(Esler)는 로마 그리스도인의 정체성을 다음과 같이 설명한다:

> 누가의 회중 구성원이었던 로마인들의 위치는 매우 달랐다. 그들은 그들의 유대인 동료 그리스도인들이 회당과 (계속해서) 관계를 가졌던 것처럼 로마와 분명하게 단절되지는 않았다. 그러나 그들은 어떻게 예수 그 자신이 분명하게 유대의 로마 총독에 의해서 처형되고 많은 초기 그리스도인 특히 바울이 로마 법정에 끌려 왔을 때 그리스도인으로 남아 있을 수 있었는지 (설명해야 하고 또한) 그들에게 합법화된 그리스도교는 피할 수 없이 예수 그리스도 안의 믿음이 로마에 대한 충성에 상반되지 않는다는 보증을 제공하는 것을 포함한다.[22]

로마 배경을 가진 그리스도인의 정체성에 대한 에슬러(Esler)의 견해는 인종적이고 종교적 갈등뿐만 아니라 정치적 긴장의 암시를 제공

---

20) Philip Francis Esler, op.cit., 210.
21) Halvor Moxnes, "The Social Context of Luke's Community", *Interpretation: A Journal of Bible and Theology* 48(1994), 384.
22) Philip Francis Esler, op.cit., 217.

하고 있다. 에슬러(Esler)가 지적하고자 하는 것은 로마인으로서 그들이 갖는 정체성이 그리스도교 공동체에 보이는 로마제국의 억압과 통제로 인해서 그리스도인이 되는 것과 배치되지 않는다는 것을 인정하려는 것처럼 보인다. 이와 같은 에슬러(Esler)의 해석은 로마제국의 통치와 권력을 합법화하고 정당화하는 해석의 단초를 제공한다고 할 수도 있다. 포스트콜로니얼 담론과 관련해서 로마인의 정체성은 식민 지배자인 로마인이 피식민지인 유대인과 접촉함으로써 사회적, 문화적, 인종적 그리고 정치적 긴장과 갈등이 형성될 수 있다는 것을 인식할 필요가 있다.

로마인의 현존을 포함해서 누가-행전에서는 다양한 이방인들이 소개되고 있다. 이와 같은 이방인의 현존과 관련된 누가-행전 저자의 신학적 의도는 무엇인지 살펴볼 필요가 있다. 일부의 누가-행전 연구자들은 누가가 이방인을 이스라엘을 대체하는 새로운 이스라엘로서 묘사하고자 시도했다고 주장한다. 챈스(J. Bradley Chance)는 "이방인들이 구원을 발견하는 그 교회는 누가에 의해서 새 이스라엘로 이해되고 있다"[23]고 주장한다. 새 이스라엘과 이방인의 현존을 연관시키려는 주장은 반유대적인 태도를 지닌 해석으로 발전할 가능성이 있다. 메독스(Robert Maddox)는 다음과 같이 서술한다:

> 그의 시대에 누가는 이방적 기원이 두드러진 교회에 있는 이방인을 향해서만 선교에 종사했다고 추정한다. 그가 쓰고 있는 (글의) 청중이 이방인들이며 (이와 관련해서) 주로 논쟁되는 한 관점은 이와 같은 이방 독자들이 이미 그리스도인 또는 이교도인지의 여부가 논쟁이 되고 있다. 누가의 견해에 의하면 교회는 이제 성취된 사실로서

---

[23] J. Bradley Chance, *Jerusalem, the Temple, and the New Age in Luke-Acts* (Macon: Mercer University Press, 1988), 100.

유대교로부터 불가피한 단절을 기쁘고 확고하게 받아들이고 이스라엘에 대한 옛 메시아적 약속의 성취를 전하는 새로운 이스라엘로 간주한다는 것이다.[24]

메독스(Maddox)의 견해는 반유대적 경향으로 누가-행전에 묘사되는 이방인의 현존을 강화하는 해석이라고 할 수 있다. 누가-행전에 등장하는 이방인의 현존을 인정한다고 할지라도 그들이 유일한 누가의 선교 대상이고 복음의 수혜자라는 해석에 동의 할 수 없다. 오히려 이방인의 현존은 누가-행전에서 유대 그리스도인과 관련해서 등장하고 있다는 것을 지적할 필요가 있다. 누가가 이방인의 편에서 그들의 목소리만을 대변하고 있다는 주장은 유대의 전통과 관습을 뛰어넘는 새로운 그리스도교의 위상을 상정하려는 누가의 신학적 입장을 적절하게 고찰하지 못한 해석이라고 할 수 있다. 이방 그리스도인의 현존이 유대 그리스도인과 밀접한 관련을 가지고 있으며 이들 모두 누가-행전에 등장하는 누가의 중요한 등장인물이라는 것을 인식할 필요가 있다. 누가-행전의 텍스트는 이 양자 사이의 접촉과 만남을 포괄하고 있으며 이와 같은 만남과 접촉의 결과로 유대 그리스도인과 이방 그리스도인 양자 사이의 정체성에 대한 갈등과 긴장을 추정할 수 있다는 사실을 지적하는 것은 중요하다. 심(Sim)은 다음과 같이 주장한다:

> 이제 견고하게 이방적 환경에 자리 잡은 헬라적 유대인들은 논리적 결론을 통해서 그들의 율법에 비판적 태도를 가졌고 할례를 통해서 유대교에 완벽하게 개종에의 요구와 율법에 대한 준수 없이도 메시야 예수의 전적인 제자가 될 수 있다고 이방인들에게 선포했다. 다시 말해서 그들은 효과적으로 유대의 인종성의 개념과 계약 공동체의 특권을 폐지했던 나사렛 예수에 관한 메시지를 선포했다.

---

[24] Robert Maddox, *The Purpose of Luke-Acts* (Edinburgh: T.&T. Clark, 1982), 32.

> … 그들에게 정상적인 유대적 방법으로 개종하도록 요구함 없이 이
> 방인들에게 전적인 구성원의 자격을 주도록 부여하는 헬라적 유대
> 인들의 운명적인 첫발은 아마도 그리스도교 교회의 전 역사에서 가
> 장 중요한 사건이고 그것은 초기 그리스도교 운동 내에서 인종성의
> 주제와 이방인들의 위치를 최초로 제기하는 것이다.[25]

이방 그리스도인의 현존은 분명히 유대 그리스도인의 입장에서 볼 때 그들의 종교적인 인종적 정체성에 상당한 위협과 영향을 끼쳤을 것으로 추정할 수 있다. 사도행전 11장과 15장의 이방 그리스도인의 현존을 살펴볼 때 그들의 현존은 유대 그리스도인 사이에 상당한 논란의 요소였다는 것을 인식할 수 있다. 누가는 분명히 인종 중심적 유대 정체성을 넘어서서 이방 그리스도인을 위한 새로운 정체성 형성에 관심을 지닌 것처럼 보인다. 여기서 인종적, 문화적, 사회적 그리고 종교적으로 다양한 배경을 지닌 이방인과 유대인이 접촉한 결과로서 유대 정체성과 이방 정체성을 뛰어넘는 새로운 정체성의 형성이 요청되어졌을 것으로 추정해 볼 수 있다.

4. 인종적 정체성과 혼종적 정체성

누가는 누가-행전에서 유대인과 다양한 이방인이 현존을 소개한다. 누가-행전의 본문은 유대인과 이방인 사이에 인종적이고 종교적 그리고 문화적 정체성의 위기가 있었음을 함축하고 있다. 따라서 누가-행전의 유대인과 이방인 주제는 포스트콜로니얼 관심 가운데 하나인 '정체성' 주제와 상당한 관련을 가지고 있음을 주목할 수 있다. 먼저 유대인과 이방인의 만남과 접촉에 관해서 살펴볼 필요가 있다. 오식

---

25) David Sim, op.cit., 179.

(Carolyn Osiek)은 유대와 헬라 문화의 접촉에 관해서 다음과 같이 진술한다:

> 팔레스타인과 디아스포라 유대 공동체가 있는 모든 곳에서 유대와 헬라문화는 직접적으로 접촉을 했고 어떤 경우에 갈등이 있었다. 두 문화가 만날 때 각각의 요소들은 유지되고 폐기되고 또는 변형 되어진다.[26]

상이한 두 문화의 접촉은 폐기, 전유와 변형의 과정을 거치면서 유대적 정체성과 이방적 정체성을 넘어서는 새로운 정체성의 형성이 요청되어진다. 인종적이고 종교적 정체성의 갈등의 원인이 유대 중심적이고 인종 중심적 유대 종교성과 밀접한 연관이 있음을 지적하는 것은 중요하다. 유대 중심적인 종교적 자부심과 자긍심은 그들을 다른 이방인 집단들과 구별하게 하는 중요한 구분의 요소가 되었고 그러한 종교적 신념은 유대인들의 정체성을 형성하는 중요한 요소가 되었음을 알 수 있다. 유대인과 이방인에 대한 종교적인 갈등에 관해서 스텐리(Stanley)는 다음과 같이 주장한다:

> 실제로 교육 받은 많은 헬라인들과 로마인들은 유일신적 신념과 유대인의 상상할 수 없는 예배를 흠모했고 심지어 일부는 그것의 실천을 채택하기도 했다. 확실히 그들의 이웃의 우상 숭배와 부패한 실천에 의해서 방해받았던 유대인이 있었던 것처럼, 유대인을 비애국적 배은망덕한 사람들로 간주하는 그리스 도시의 사람들이 있었다. 왜냐하면 그들이 지역 신들을 존경하는 것을 거부했기 때문이다.[27]

---

[26] Carolyn Osiek, *What are They Saying about the Social Setting of the New Testament* (New York: Paulist Press, 1992), 12.

[27] Christopher D. Stanley, op.cit., 104-105.

헬라적인 문화의 영향 아래에 있던 유대인의 정체성 위기는 "이방화와 동화"[28]와 직접적 관련이 있는 것이다. 그들은 이와 같은 동화로부터 유대 정체성을 유지하고자 노력했다고 추정해 볼 수 있다. 이와 같은 유대 정체성을 유지하고 강화하려는 유대인 또는 유대 그리스도인의 현존은 누가-행전의 저자에게 있어서 무시할 수 없는 중요한 주제가 되고 있다는 것을 추정해 볼 수 있다. 마샬(I. Howard Marshall)은 누가에게 있어서 유대 정체성의 문제가 중요하다고 지적하면서 "구약 백성의 참 후손들이라고 주장했던 유대인의 존재 문제가 부각되었고, 그리스도교 신앙과 유대교 그리고 그리스도교 교회와 유대 민족의 관계가 검토되어야 했다"[29]고 주장하고 있다. 유대의 종교적 정체성을 강화하려는 유대인이 존재하고 있다는 사실과 함께 이방 세계에서 이방인과 함께 공존하고 있는 유대인의 현존을 지적하지 않을 수 없다. 심(Sim)이 주장하는 것처럼, "이 시기의 대다수 유대인은 비록 그들의 사회적이고 인종적 정체성을 유지하기 위해서 이방인과 접촉하지 않으려는 조처를 취했다고 할지라도 보다 많은 이방인들 사이에 디아스포라(diaspora)로 사는 것에 만족했다"[30]고 할 수 있다. 이와 같이 누가는 그리스도교 공동체가 인종적이고 종교적 갈등과 긴장을 넘어서 이방인과 유대인 모두를 위한 다문화적, 다인종적 공동체를 제안할 필요를 인식하는 것처럼 보인다. 포스트콜로니얼 담론의 관심으로서 정체성의 주제는 획일적 자기인식이나 자기긍정을 의미하는 것이 아니라 오히려 다양한 문화적, 사회적, 인종적 접촉과 만남의 결과로서

---

28) Douglas R. A. Hare, "The Rejection of the Jews in the Synoptic Gospels and Acts", Alan T. Davies (ed.), *Anti-Semitism and the Foundations of Christianity* (New York: Paulist Press, 1979), 31-32.

29) I. Howard Marshall, *Luke: Historian and Theologian* (Devon: The Paternoster Press, 1970), 79.

30) David Sim, op.cit., 173.

형성되는 '혼종적 자기 인식(hybrid self-recognition)'을 제안한다. 누가는 유대적 정체성과 이방적 정체성이 아닌 새로운 '혼종적 정체성(hybrid identity)'을 유대 그리스도인과 이방 그리스도인을 위해서 제안할 필요가 있었던 것처럼 보인다.

누가-행전의 저자가 유대 그리스도인과 이방 그리스도인을 위한 새로운 정체성을 제안하는 것으로 추정되는 텍스트를 살펴보고자 한다. 유대인과 이방인의 접촉과 관련된 가장 첨예한 논점은 '식탁 교제(table fellowship)'라고 할 수 있다. 이것은 그리스도교 공동체의 유대 그리스도인과 이방 그리스도인이 '식탁 교제'를 통해서 하나의 공동체를 형성하는 정당성에 관해서 질문하는 것이다. 포드(J. Massyngbaerde Ford)는 유대인과 이방인의 '식탁 교제'를 통한 유대 그리스도인과 이방 그리스도인의 갈등을 설명한다. 포드(Ford)는 "예수의 말씀(눅 4:45-47)은 유대인과 이방인이 함께 식사해야만 하고 새로운 시대에 그들이 어떤 관계를 가져야 하는가라는 질문에 대답하고자 할 때 누가 그리스도교 공동체의 문제로 적절한 것"[31]이라고 주장한다. 헤어(Douglas R. A. Hare)는 다음과 같이 주장한다:

> 유대교 입장에서 오히려 이 골치 아픈 가시는 민족의 정체성의 중심적 상징에 도전하는 것처럼 보인 것이다. 그것은 예수 안에서 믿음을 요구하는 베드로의 설교가 문제가 된 것이 아니라 오히려 예루살렘에 있는 교회를 위태롭게 하는 것은 이방인과 함께 밥을 먹는 그의 행동 때문이었다.[32]

---

31) Ford, J. Massyngbaerde, "Reconciliation and Forgiveness in Luke's Gospel", Richard J. Cassidy & Philip J. Scharper (eds.), *Political Issues in Luke-Acts* (Maryknoll: Orbis Books, 1983), 81-82.
32) Douglas R. A. Hare, op.cit., 31.

유대 그리스도인과 이방 그리스도인의 접촉 그리고 식탁 교제의 문제는 모두 '정체성' 주제와 연관이 있다. 비록 유대 그리스도인과 이방 그리스도인 사이의 식탁 교제가 유대 종교적 권위로부터 비판받는다고 할지라도 이 문제는 사도행전에서 다시 거론 되지 않는다는 사실에 주목할 필요가 있다.[33] 이방인과 유대인의 식탁 교제와 관련해서 누가는 식탁 교제를 긍정적으로 묘사하는 입장에 서 있다고 할 수 있다. 누가가 유대 그리스도인과 이방 그리스도인의 교제와 상호 접촉을 호의적으로 다루고 있음에 틀림없다. 유대인과 이방인의 식탁 교제를 통한 접촉은 누가 그리스도교 공동체에 유대 그리스도인과 이방 그리스도인 사이의 교제를 합법적으로 만드는 기능을 한다고 할 수 있다.[34] 누가-행전의 저자가 지향하려는 것은 유대 정체성을 유지하고 강화하는 것이 아닐 뿐만 아니라 또한 이방인만을 위한 새로운 정체성을 형성하는 것도 아니다. 오히려 누가-행전의 저자는 유대인과 이방인 모두를 만족시키고자 노력했다고 할 수 있다.[35] 누가-행전의 저자는 "이중적 자기이해(double self-understanding)"[36]를 통해서 누가 그리스도교 공동체내의 유대 구성원과 이방 구성원이 함께 공존할 수 있는 새로운 정체성을 제안하고 있는 것처럼 보인다. 여기에서 포스트콜로니얼 담론이 중요하게 고찰하는 이중적 혹은 다중적 자기 인식이라는 주제와의 연관성에 주목할 필요가 있는 것이다. 유대 그리스도인과 이방 그리스도인은 유대적인 동시에 이방적인 문화와 전통을 넘어서는 새로운 정체성의 인식을 위하여 이중적 혹은 다중적 자기

---

33) I. Howard Marshall, op.cit., 183.

34) Halvor Moxnes, op.cit., 384.

35) Stephen G. Wilson, *Related Strangers: Jews and Christians 70-170 C.E.* (Minneapolis: Fortress Press, 1995), 60-61.

36) Wolfgang Stegemann, "Anti-Semitic and Racist Rejudices in Titus 1:10-16", Mark G. Brett (ed.), *Ethnicity and the Bible* (Leiden: E. J. Brill, 1996), 275.

인식의 과정이 요청되었을 것이다.

누가의 서술적인 태도는 반유대적인 동시에 친유대적인 이중적인 태도를 지니고 있다는 것을 인식할 필요가 있다. 이것은 누가가 획일적인 인종 중심적 그리스도교 공동체를 제안하는 것이 아니라 다인종적이고 다문화적 공동체를 제안하고 있다고 추정하게 한다. 이와 같은 누가의 양가적 태도에 대해서 타이슨(Joseph B. Tyson)은 누가-행전의 올바른 이해에 적절한 도움을 제공한다고 주장한다:

> 분명히 유대교와 유대 백성들을 향한 태도와 관련해서 누가-행전의 양가성을 인식할 수 있다. … 여기서 제안된 읽기는 어떻게 이 본문이 친유대적이면서 (동시에) 반유대적 (측면) 모두 가질 수 있는가를 이해하는 방법을 제공하는 것이다. 만약 이러한 종류의 읽기가 그럴 듯하다고 한다면 유대 종교적 삶과 사상에 관한 단선적 견해로 누가-행전을 감소시킬 필요는 없다.[37]

누가-행전의 유대인 묘사와 관련해서 누가-행전의 저자가 양가적 입장을 견지하고 있다는 결론에 도달하게 된다. 가스톤(Gaston)이 주장하는 것처럼, "어느 경우든 역설은 누가-행전이 신약성서 안에서 가장 친유대적 저술 가운데 하나이고, 가장 반유대적 저술의 하나로 남아 있는 것"[38]이라고 할 수 있다. 타이슨(Tyson)과 가스톤(Gaston)이 누가의 양가적 서술 태도를 지적하는 것은 누가-행전 저자의 신학적 태도와 입장을 밝히는데 커다란 기여를 하고 있다고 할 수 있다. 그러나 타이슨(Tyson)과 가스톤(Gaston)은 누가가 왜 양가적 입장을 취하고 있는지를 적절하게 설명하지 않는다. 다시 말해서 그들은 누가

---

37) Joseph B. Tyson, "Jews and Judaism in Luke-Acts: Reading as a Godfearer", *New Testament Studies* 41(1995), 37-38.
38) Lloyd Gaston, op.cit., 153.

가 유대인 묘사와 관련한 이중적인 서술을 통해서 누가 시대의 유대 그리스도인과 이방 그리스도인이 새로운 관계를 형성하는 개연성을 설명하지 못한다는 것이다. 누가는 예수 시대의 유대인과 누가 시대의 유대인을 구별하는 결과로 그의 시대의 유대 그리스도인에 대해서 주목하고 있다고 추정할 수 있다. 누가 시대의 유대인과 유대 그리스도인은 문화적이고 인종적으로 다양한 사회에 살고 있었다는 사실을 지적할 필요가 있다. 또한 누가는 그의 주된 관심의 대상인 로마 이방 그리스도인이 민족주의적 정체성을 견지하는 유대 그리스도인과의 부담스러운 관계를 인식하고 있었던 것처럼 보인다. 따라서 누가는 유대 중심적이고 인종 중심적 정체성을 약화시키면서 유대 그리스도인과 이방 그리스도인 모두를 위한 새로운 '혼종적 정체성'을 제안하고 있다고 추정해 볼 수 있다.

둘째로 이와 같은 양가적 경향을 통한 유대인에 대한 묘사와 연관된 누가의 신학적인 관심을 살펴볼 필요가 있다. 누가의 신학적 관심은 유대적인 전승의 뿌리를 잃어버리지 않고 새로운 정체성을 형성할 수 있는가라는 질문과 직접적인 연관이 있는 것처럼 보인다. 윌슨(Wilson)은 다음과 같이 주장한다:

> 누가는 유대교의 연장으로서 그리스도교를 나타내려고 원했다는 것이 보편적으로 동의된다. 그 개념은 그리스도교 운동이 태동한 넓은 유대적인 모체로부터 그들의 유대적인 유산에 대한 초대 그리스도교인의 충실성과 예언자적 성취에 대한 일관된 언급을 통해서 '그리스도인'이라는 분명한 이름을 가진 백성인 그들이 하나님의 백성이라는 특별한 주장을 통해서 그의 이야기가 전파된다.[39]

---

39) Stephen G. Wilson, op.cit., 64.

유대적인 전승의 뿌리를 유지하면서 새로운 '혼종적 정체성'을 제안하려는 누가-행전의 저자는 아주 중요한 신학적 과제를 가지고 있었다고 추정해 볼 수 있다. 누가-행전의 유대인과 이방인의 현존과 관련해서 누가-행전의 저자가 서로 다른 인종적, 문화적 그리고 종교적 배경을 지닌 유대 그리스도인과 이방 그리스도인 모두를 위해서 제안하고자 했다고 추정할 수 있는 새로운 '혼종적 정체성(hybrid identity)'이란 무엇인가? 새로운 정체성의 제안과 관련해서 곽퓨란(Kwok Pui-lan)의 견해에 주목할 필요가 있다:

> 유대인과 초대 그리스도인은 다른 언어들, 문화적 암호들, 사고 유형들 그리고 종교적 실천들을 가진 이웃들 사이에서 살았다. 성서에 나타나는 문화들은 결코 한 가지 차원의 만남이 아니었다. 그것은 종종 거부와 저항뿐만 아니라 또한 협상과 채용을 포함하는 매우 복잡하고 난해한 것이었다.[40]

서로 다른 문화와 인종적 접촉은 갈등과 저항의 원인이지만 때로는 공존과 협상의 원인이 된다. 다른 문화와 인종의 접촉은 정체성의 위기와 긴장을 가져올 뿐만 아니라 또한 새로운 정체성을 형성하도록 요청하고 있다. 이와 같이 새로운 정체성의 형성과 관련된 주제에 주목하는 것이 바로 포스트콜로니얼 비평이다. 수기르타라자(R. S. Sugirtharajah)는 다음과 같이 주장한다:

> 탈식민지성은 새로운 정체성을 획득하는 것에 관한 것이다. … 새로운 정체성의 두드러진 특색은 그것이 민족성, 영성, 인종성, 계급제도, 여성해방성과 같은 핵심 요소와 함께 작용하려고 시도하는 오리엔탈리스트(Orientalist), 엥글리니스트(Anglicist)와 네이티비

---

[40] Kwok Pui-lan, *Discovering the Bible in the Non-Biblical World* (Maryknoll: Orbis Books, 1995), 91.

스트(Nativist)에 의해서 수행된 범주와 재현을 넘어설 것이고 다른 가치들과 개념들을 조작하는 새로운 정체성의 복합적 유형을 만들어내는 것이 될 것이다.[41]

포스트콜로니얼 담론이 제안하는 새로운 정체성은 인종중심적이고 민족주의적 배타성을 넘어서는 것을 의미한다. 누가-행전의 저자는 유대 중심적인 민족주의적 배타성을 약화시키려는 것처럼 보인다. 그러나 누가는 제국주의적 태도를 지닌 로마 배경의 이방 그리스도인의 정치적 성향에 대해서는 언급을 회피하는 것처럼 보인다. 누가는 로마 그리스도인이 부담을 가질 수 있는 유대 민족주의적 배타성과 유대 중심적 정체성을 약화시키려고 노력한 흔적을 발견할 수 있을 것이다. 누가가 처한 사회적, 정치적 그리고 종교적 상황이 유대적인 전승과 로마 제국주의의 정치와 문화가 접촉하는 자리에 서 있었기 때문에 유대 그리스도인과 이방 그리스도인을 위한 새로운 정체성을 제안해야만 했다고 추정할 수 있다. 누가와 비슷한 상황에 서 있었던 바울의 입장을 살펴보면 누가의 입장을 유추할 수 있다. 스텐리(Stanley)는 새로운 정체성과 바울의 신학적 입장을 다음과 같이 서술한다:

> 그(바울)는 또한 새로운 사회적 제도, 즉 그리스도인 가정 교회에서 유대인들과 헬라인들이 하나가 되도록 하려는 노력이 원인이 된 불가피한 긴장들을 인식했다. …유대적 배경을 가진 사람과 헬라적 개종자들 모두 새로운 그리스도인 가정 교회에서 그들과 함께 인종적 편견의 무거운 짐을 가져왔다. 바울의 견해에서는 그와 같은 태

---

41) R. S. Sugirtharajah, *Asian Biblical Hermeneutics and Postcolonial Contesting the Interpretation* (Maryknoll: Orbis Books, 1998), 16-17. 수기르타라자(Sugirtharajah)가 극복하려는 3가지의 해석학적 태도는 첫째로 오리엔탈리스(Orientalist)로 서구가 비서구를 규정하여 고정관점을 갖게 만드는 해석학적 태도이며, 둘째로 엥글리시스트(Anglicist)는 서구의 우월성을 비서구에 이식시키려는 태도이며, 셋째로 네이티비스트(Nativist)는 토착적인 문화와 전통을 강조하는 국수주의적 태도를 보이는 해석학적 경향이라고 할 수 있다.

도는 단순히 그리스도 안에서 그리스도인의 새로운 사회적 정체성과 일치하지 않았고 (또한) 버려야만 하는 것이다.[42]

그리스도인으로서 새로운 정체성은 유대인과 이방인 모두에게 인종적 편견을 넘어설 수 있는 길을 제공한다는 스텐리(Stanley)의 주장은 타당하다. 그러나 그는 새로운 정체성의 형성 과정에서 있었을 것으로 추정할 수 있는 정체성의 갈등과 긴장이라는 주제는 간과하고 있는 것처럼 보인다. 따라서 누가가 유대인과 이방인을 위해서 제안하고 있는 것으로 추정할 수 있는 새로운 정체성에 대해서 주목할 필요가 있다.

포스트콜로니얼 담론의 관심으로서 '정체성' 주제는 하나의 인종과 문화에 다른 인종과 문화가 흡수되거나 편중되는 것이 아니라 다양한 인종과 문화가 상호융합, 상호접촉, 상호 연결의 과정을 반복하면서 다양한 정체성이 형성되고 제안된다고 할 수 있다. 누가는 유대인과 이방인 모두를 위한 다중적 정체성을 제안하는 것처럼 보인다. 그것은 유대 관습과 전통을 어느 정도 인정하고 유지하면서 유대인과 이방인이 그리스도인이라는 새로운 정체성을 획득할 수 있도록 제안하는 것을 의미한다. 김찬희(Chan-Hee Kim)는 초기의 그리스도교 공동체가 "문화적으로 인종적으로 다양성을 수용"[43]했다고 주장한다. 누가는 누가-행전에 인종적이고 문화적으로 다양한 인종들, 즉 로마인, 헬라인, 에디오피아인, 구스인과 같은 인종적 다양성을 소개하고 있다. 특히 누가가 사도행전 8장에 소개하는 에디오피아인의 현존은 누가-행전의 그리스도교 공동체가 다양한 인종적 배경을 지닌 공동체라는 것을

---

42) Christopher D. Stanley, op.cit.,123.
43) Chan-Hee Kim, "Reading the Cornelius Story from a Asian Immigrant Perspective", Fernando F. Segovia and Mary Ann Tolbert (eds.), *Reading from this Place: Vol.1: Social Location and Biblical Interpretation in the United States* (Minneapolis: Fortress Press, 1995), 172.

추정하게 한다.[44] 누가는 누가-행전에 소개되는 인종적이고 문화적인 다양성을 지닌 이방인들의 현존을 묘사함으로써 유대인과 이방인을 위한 새로운 정체성을 제안하고자 시도하고 있다는 것을 추정할 수 있다. 스테게만(Wolfgang Stegemann)은 다음과 같이 서술한다:

> 나는 간단히 인종성 또는 인종 중심적 이해가 그리스도교 공동체가 시작할 때 역할을 할 수 없었다는 것을 보여주고자 한다. 왜냐하면 이렇게 새롭게 형성된 집단들은 그들의 종교적 정체성의 기초 위에 민족과 유대교와 나란히 제3의 실재로서 그들 자신을 정의하고 있었기 때문이다.[45]

제3의 실재로서 자신을 정의하는 새로운 정체성은 인종 중심적이고 민족주의적 태도와 입장을 넘어서서 '다중적 정체성'을 제안하는 것과 밀접한 관련이 있다. 누가-행전의 저자는 유대 그리스도인과 이방 그리스도인을 위한 보편적이고 유일한 정체성을 제안하는 것이 아니라 '이중적 혹은 다중적' 정체성을 제안하고 있다고 추정할 수 있다. '다중적 정체성'은 억압적이고 배타적 정체성을 넘어서는 길을 제공하고 있음을 인식할 수 있다.

5. 결론

포스트콜로니얼 성서 읽기를 통해서 유대 중심적 정체성과 이방 중심적 정체성 모두를 뛰어 넘는 유대-이방적 혹은 이방-유대적 배경을 가진 '양가적 정체성(ambivalent identity)' 혹은 '중간적 정체성

---

44) Clarice J. Martin, "A Chamberlain's Journey and the Challenge of Interpretation for Liberation", *Semeia* 47(1989), 116.
45) Wolfgang Stegemann, op.cit., 273.

(hyphenated identity)'을 제안하는 다중적 정체성의 가능성을 발견하게 된다. 누가-행전의 저자가 유대인과 이방인, 유대 그리스도인과 이방 그리스도인 모두를 위한 새로운 정체성을 제안하고자 할 때 그들 사이에 존재했을 것으로 추정할 수 있는 새로운 정체성 형성과 관련된 저항과 협상의 과정을 통한 통합의 과정을 추정할 수 있다. 이와 같은 통합의 과정은 유대인과 이방인, 유대 그리스도인과 이방 그리스도인을 위한 새로운 '혼종적 정체성(hybrid identity)'이 형성되는 장소라고 할 수 있다. 통합 네러티브에 대해서 사이드(Edward W. Said)는 다음과 같이 설명한다:

> 기억해야만 하는 것은 이 가장 강력한 형태의 해방과 계몽의 내러티브가 분리가 아니라 통합의 내러티브 즉 주요 집단으로부터 제외되어온 사람들이 그 속에서 자신들의 위치를 찾으려는 통합의 내러티브라는 사실이다. 만일 주요 집단의 낡고 관습적 관념이 이 새로운 집단을 허용할 만큼 유연하고 관대하지 못하다면 그런 관념들은 변해야만 한다. 그러한 변화는 새로 등장하는 집단들을 단순히 거부하는 것보다 훨씬 더 나은 행동이 되기 때문이다.[46]

누가-행전의 유대인과 이방인의 관계를 통합의 내러티브에 의해서 해석해 낼 수 있다. 이와 같은 통합의 내러티브는 주변적 요소를 담론의 전면에 가지고 오려고 노력하는 포스트콜로니얼 담론과 상당히 유사하다. 담론과 해석의 전면에서 배제되고 침묵되는 사람들을 발견하고 그들의 목소리를 재현하려고 노력하는 시도가 바로 포스트콜로니얼 읽기 실천의 중요한 과제 가운데 하나라는 것을 인식할 수 있다. 포스트콜로니얼 성서 해석에 의해서 누가-행전의 '정체성' 주제를 다시 읽고 재구성할 때 유대 그리스도인의 정체성을 발견하는 것과

---

46) Edward W. Said, *Culture and Imperialism* (London: Vintage, 1993), xxx.

동시에 문화적으로, 인종적으로 그리고 종교적으로 다양한 이방 그리스도인의 정체성을 고찰하는 중요한 과제를 갖는다. 유대 그리스도인과 이방 그리스도인을 위한 새로운 '혼종적 정체성(hybrid identity)'을 제안함으로써 양자 모두를 위한 통합의 내러티브를 제공할 수 있다고 하겠다.

제3장
조선족 이주 노동자 선교와 성서 해석

제3장
조선족 이주 노동자 선교와 성서 해석

1. 문제 제기

　한국 사회에 거주하는 이주 노동자의 실태와 선교에 관심을 갖는 사람들이라면 이주 노동자와 관련된 성서의 구체적인 언급이나 실례를 찾는 일을 요청하게 된다. 그러나 신약성서는 이주 노동자와 관련된 직접적인 주제를 분명하고 구체적으로 거론하지 않기 때문에 이주 노동자나 조선족 이주 노동자 선교와 관련된 성서적 교훈은 성서 텍스트의 해석을 통해서 가능하다고 할 수 있다. 다시 말해서 신약성서가 이주 노동자의 신분이나 상황에 관해서 구체적으로 언급하지 않는다고 해서 이주 노동자와 관련된 성서적 교훈이나 가르침을 언급하거나 찾을 수 없다는 말은 아니다. 이주 노동자와 관련해서 디아스포라 유대인의 존재라든지 이방인의 존재처럼 사회적이고 종교적 정체성과 관련된 성서 텍스트를 찾는 것은 가능할 것이다. 이주 노동자에 관해서 신약성서가 직접적이고 구체적으로 언급되지 않지만 이 글에서는 이주 노동자의 권익과 선교를 위한 성서적 교훈을 제시하기 위해서 마태복음의 "포도원 일꾼의 비유(마20:1-16)"를 대안적으로 읽고 해석하고자 한다.

우리나라의 이주 노동자(조선족 동포를 포함하는)의 문제를 사회-문화적 시각뿐만 아니라 성서 해석학적 관점을 통해서 고찰하는 것은 이 시대 한국교회와 그리스도인이 한국 사회에 거주하고 있는 이주 노동자에 대한 시각과 입장을 위해서 하나의 대안적 단서를 제공할 것이다. 조선족 동포를 포함한 이주 노동자에 대한 한국사회의 평가는 어떤 것인가? 그리스도교적인 예를 통해서 살펴보면 교회 공동체에 새롭게 등록하는 새로운 신자와 비슷한 평가를 받고 있다고 할 수 있다. 성서학자인 헤어(Douglas R. A. Hare)는 교회에 새로 등록한 사람들을 대하는 교회에 대해서 다음과 같이 주장한다:

> 교회에 새로 나온 사람들(또는 회복중인 알코올 중독자들, 또는 전과자들, 또는 다른 배경을 가진 사람들)이 그렇게 오랫동안 그처럼 열심히 일해 왔던 우리들보다 더 좋은 인정을 받게 될 때 우리들 자신이 불평하거나 또는 다른 사람들이 불평하는 것은 얼마나 쉬운 일인가![47]

포도원에 늦게 온 노동자를 설명하기 위해서 헤어(Hare)는 교회에 늦게 등록하거나 늦게 신앙생활을 하게 된 새 가족을 빗대어 설명하고 있다. 새롭게 교회에 등록하고 나오는 사람들이 교회의 기둥이 되거나 혹은 교회의 중요한 직책을 맡게 되었을 때 기존의 교회 구성원들이 시기와 질투의 모습을 갖고 대하는 것으로 묘사하는 것은 상당히 현실적이다. 한국교회 현장도 이와 별로 다르지 않을 것이다. 하나님을 섬기고 하나의 신앙을 고백하고 있는 교회 공동체에서 일어날 수 있는 기존의 성도들과 새로운 성도들 사이의 시기와 질투의 모습 혹은 경계와 거절의 모습은 한국사회에 머물고 있는 이주 노동자에 대한 곱지

---

47) Douglas R. A. Hare, *Matthew*. Interpretation Bible Commentary (Louisville: John Knox Press, 1993), 231.

않은 시선을 유추하기에 어려움이 없을 것이다. 다시 말해서 우리나라의 기반산업을 담당하는 노동자의 상당수를 차지하는 이주 노동자(조선족 동포를 포함해서)에 대한 질투와 시기 혹은 부정적 시각은 어쩌면 당연한 일일지도 모른다. 시간이 가면 갈수록 한국사회의 일원으로 자리를 잡고 있는 이주 노동자들을 한국교회를 포함한 한국사회가 어떤 시각과 관점으로 바라보아야 할 것인지 신약성서 텍스트를 통해서 고찰하는 것은 의미 있는 일이라 할 수 있다.

이 글은 우선 한국사회의 이주 노동자의 신분과 상황을 나그네 혹은 행인이라는 신약성서의 언급과 관련해서 고찰할 것이다. 하늘의 시민권을 소유한 존재인 동시에 이 땅에서 나그네와 행인으로 살아가는 그리스도인의 이중적 정체성과 관련해서 이주 노동자의 정체성을 설명하고자 한다. 둘째로 신약성서 가운데 마태복음의 "포도원 일꾼 비유(마20:1-16)"를 고찰하면서 포도원에 가장 늦게 합류한 노동자의 정황을 통해서 이주 노동자와 관련된 성서적 해석을 찾고자 한다. 셋째로 한국사회에 거주하는 조선족 동포를 포함한 이주 노동자와 관계된 한국 교회 공동체의 사명을 제안하고자 한다.

2. 신약성서와 한국사회의 이주 노동자

한국사회에 거주하는 조선족 동포를 포함한 이주 노동자는 한국에서의 성공을 꿈꾸며 돈을 벌어 고국에 있는 가족들의 생계를 위해서 험하고 힘든 육체적 노동을 마다하지 않는 이 사회의 소외되고 주변화된 사람들이다. 그들은 고국, 가족과 집을 떠나 한국사회에 임시로 거주하는 행인 혹은 나그네로 이 땅에 살아가는 이 시대의 또 다른 이웃으로 한국 노동 시장의 아주 중요한 기반을 책임지고 있다. 합법적이든 불법적이든 이 땅에서 노동하는 이주 노동자는 한국사회의 중요한 기반산업에 종사하고 있다는 사실은 부인할 수 없는 것이다. 한국사회에서 이주 노동자가 차지하는 비중에 대해서 허윤진은 다음과 같이 주장한다:

> 국내 노동자의 3D 업종 기피 현상과 고령화 사회의 진전 등은 중소기업의 인력난을 가중시키고 있고 따라서 외국 인력의 수요는 점점 늘어날 전망이다. 국제노동기구(PLO)는 2030년에 이르면 기반산업을 위해 한국에 100-200만 명의 이주 노동자들이 필요할 것이라고 전망하고 있다.[48]

중국 동포를 포함한 이주 노동자의 노동 시장 잠식에 대해서 우려와 염려로 비판하는 시각이 있음에도 불구하고 분명히 한국사회에서의 이주 노동자의 비중이 커질 것이라고 추정하는 것은 어렵지 않다. 우리나라의 노동자들이 기피하는 3D업종에 대부분 종사하는 이주 노동자들 가운데 "약 90%가 동남 아시아인이고 이 가운데 약 65% 정도가 조선족"[49]에 해당된다는 사실은 한국 노동시장의 상당수를 조선족 동포들과 이주 노동자들이 담당하고 있음을 알게 된다. 이런 사실은 조선족 동포들과 이주 노동자들이 점점 한국사회의 일원이 되어가고 있음을 지적하는 것이다. 그럼에도 불구하고 한국사회의 조선족 동포들과 이주 노동자들은 때로는 "짐승 이하의 취급을 받으며, 때로는 목숨을 잃기까지 하며 일을 하지만 제대로 임금도 받지 못하고 내쫓기고 있는 것"[50]이 현실이다. 우리나라의 기반산업을 위해서 중요한 비중을 차지하면서도 적절한 대우를 받지 못하는 조선족 동포들과 이주 노동

---

48) 허윤진, "이주 노동자의 인권보호를 위한 교회의 노력", 「사목」 296(2003), 47.
49) Ibid., 47.
50) 임태수, "외국인 노동자를 본국인처럼 사랑하라", 「민중과 신학」 8(2002), 1.

자들을 위한 한국교회와 그리스도인의 선교적 관심이 어느 때보다 필요하다고 할 수 있다. 한국교회 공동체가 조선족 동포와 이주 노동자들에 대한 인식의 전환이 필요한 것은 하나님의 백성으로 부름을 받았던 이스라엘 백성들이 바로 이들처럼 나그네와 행인으로 유랑했으며 하나님은 그들의 하나님이 되어 주셨다는 사실을 성서적 가르침을 통해서 발견할 수 있기 때문이다.

고향과 집을 떠나서 한국사회에 임시로 거주하는 이주 노동자를 문자 그대로 나타내 주는 신약성서의 단어가 없다고 할 수 있지만 고향을 떠나 새로운 곳에서 머물고 생활하는 이중 정체성을 지닌 '나그네와 행인'이란 용어는 한국사회에 거주하는 이주 노동자의 현존을 설명하기에 아주 적합한 단어라고 할 수 있다. 신약성서에 등장하는 그리스도인의 이중적 정체성을 나타내는 단어인 '외국인 또는 나그네'라는 뜻을 지닌 헬라어 '파레피테모스(parepidemos)'는 고향을 떠나서 임시로 다른 나라에 머물고 있는 이주 노동자의 정체성을 아주 분명하게 나타내 준다. 김경호는 이 단어를 다음과 같이 정의한다:

> 파레피테모스(parepidemos)는 시민권 없이 이방에 거주하는 나그네로서 신약성서에 모두 3번 언급되는데(히 11:13; 벧전 1:1; 2:11), 모두 크리스천을 은유하는 용어로서 쓰이며 그들은 진정한 집이 아니라 임시의 거주자, 나그네로 이 세상을 지나가는 사람으로 묘사된다. 베드로전서 2장 11절에는 크리스천을 가리켜 나그네와 행인으로 표현한다.[51]

시민권 없이 다른 나라에 거주하는 사람이나 임시 거주자 혹은 나그네라는 단어는 이주 노동자들의 신분을 설명하기에 아주 적합한 단어

---

[51] 김경호, "성서에 나타난 이방인들: 통일시대의 북한 유민들과 외국인 노동자들을 위한 신학",「시대와 민중신학」4(1997), 146.

라고 할 수 있다. 고향이나 집을 떠나서 낯선 곳에 머물거나 생활하는 사람을 나타내는 용어인 '나그네와 행인'은 신약성서에서 이 세상에 잠시 머물고 살아가는 존재인 그리스도인을 부르는 단어로 사용된다. 우리가 살고 있는 이 세계는 임시로 잠시 머물고 있는 장소이기에 그리스도인은 나그네 혹은 진정한 집을 찾아서 여행을 떠나는 행인이라고 말할 수 있다. 다시 말해서 '이중의 정체성'을 지닌 존재로서의 그리스도인에 대해서 언급하고 있다고 할 수 있다.[52] 따라서 해석학적 관점으로 볼 때 그리스도인과 이주 노동자의 신분은 '이중적 정체성' 혹은 '다중적 정체성'을 지닌 존재로 같은 시각에서 바라볼 수 있다.

그리스도인은 신약성서의 빛에서 보면 "진정한 하늘의 집을 찾는 순례자로서 지금 낯선 곳에 거하고 있는 이방인들"[53]이라고 할 수 있다. 나그네 혹은 외국인으로 살아가는 이중적 정체성을 지닌 존재로서의 그리스도인 입장에서 이주 노동자를 바라본다면 그 시각과 관점이 전환될 것이다. 육체적 노동에 종사하면서 한국사회의 일원으로 살아가는 이주 노동자는 신약성서에 나타나는 집을 떠나 떠돌아다니는 나그네와 외국인의 신분처럼 살아가는 그리스도인과 비슷하다. 이주 노동자의 현존이 그리스도인의 현존과 흡사하다는 것을 인식하는 시각과 관점의 전환은 조선족 동포를 포함하는 이주 노동자의 문제를 보다 적극적으로 풀어갈 수 있는 해법을 제공한다고 할 수 있다. 교회와 그리스도인이 신약성서의 나그네 혹은 행인이라는 시각으로 전환되는 성서의 중요한 교훈에 눈을 돌릴 필요가 있다. 최형묵은 이주 노동자와

---

52) 그리스도인의 이중 정체성에 대해서 분명하고 적절하게 나타내주는 책으로 John Hall Elliott의 *Home for the Homeless* (Philadelphia: Fortress Press, 1981)을 참조할 수 있다. 그의 책 제목에서 알 수 있는 것처럼 그리스도인은 이 땅에서는 집 없는 사람(노숙자 혹은 나그네)로 살아가지만 그들을 위해서 준비되고 예비 된 집(본향)이 있음을 강조함으로써 이중적인 정체성을 지닌 그리스도인의 모습을 나타내주고 있다.

53) 김경호, op.cit., 155.

같은 사회적 약자를 위한 성서의 가르침을 다음과 같이 주장한다:

> 가난한 사람들에 대한 그리스도교 신앙의 사회적 교훈은 사회적 약자(떠돌이, 과부, 고아, 병자, 갇힌 자 등등)에 대한 성서의 끊임없는 관심에서 유래한다. 한 마디로 성서는 주변부의 사람들이 어떻게 삶을 영위하느냐를 사회정의와 안정의 척도로 보고 있는 셈이다. 이것은 성서의 소중한 유산이며 그렇기에 그리스도교는 어떻든 성서의 이와 같은 요구를 수용하기 위해 노력해 왔다.[54]

성서는 사회적 약자 또는 주변화 되고 소외된 사람들에 대한 끊임없는 관심과 선교를 반복해서 강조하고 있다. 이집트에서 사회적 약자 혹은 노예로 살았던 이스라엘 사람들은 그들을 구원하고 해방시켜 주신 하나님의 사랑을 감사하면서 사회적 약자 혹은 소외 계층에 대한 관심을 갖도록 촉구한다. 이러한 소외 계층 혹은 주변인에 대한 관심은 신약성서의 예수의 삶과 가르침과도 밀접한 관련을 갖게 된다. 예수의 삶은 사회적 약자와 소외 계층의 친구와 가족이 되고자 실천하고 노력하는 모습으로 가득 차 있다. 결국 신약성서에 나타난 이주 노동자의 현존을 살펴보는 것은 신약성서의 중심 주제인 예수의 삶과 가르침을 회상하고 결단하는 것과 마찬가지라고 할 수 있다.

조선족 동포를 포함하는 이주 노동자와 같은 사회적 약자 혹은 주변인에 대한 신약성서의 해석학적 관점을 고찰하는 것은 예수의 삶과 정신을 이 시대에 되살리는 길이라고 할 수 있다. 김경호가 지적하는 것처럼, "우리 사회에 몸 붙여 사는 이방인들, 약자를 보호해야 하는 임무는 윤리적, 도덕적 차원의 요구가 아니라 신앙적, 종교적 당위성을 가진 하나님의 명령으로 인식해야 할 것"[55]이라는 사실을 주목할 필요

---

54) 최형묵, "'가난한 사람은 복이 있다' 외국인 노동자와 노숙자 문제에 대한 신학적 성찰",「시대와 민중신학」 6(2000), 26.
55) 김경호, op.cit., 155.

가 있다. 한국사회에 있는 많은 사회적 약자와 소외 계층과 마찬가지로 조선족을 포함하는 이주 노동자는 한국교회와 그리스도인 모두가 성서적인 하나님 명령으로 보호하고 더불어 살아가야 할 존재라는 인식이 필요하다. 뿐만 아니라 그리스도인 스스로가 이 땅에 임시로 잠깐 머물다 떠나는 나그네와 외국인이라는 인식의 전환이 요청되며 그와 같은 인식을 통해서 한국교회는 한국사회에 임시로 거주하는 이주 노동자들에 대한 시각을 새롭게 하는 출발점이 될 것이다.

3. 마태복음의 포도원 일꾼 비유와 이주 노동자

마태복음 20:1-16의 비유는 흔히 "포도원 일꾼 비유"[56]로 불린다. 하나님 나라에 관해서 설명하면서 예수가 소개하는 이 비유는 이해하기 어려운 비유들 가운데 하나라고 할 수 있다. 이 비유를 해석하면서 포도원 일꾼(노동자)과 이주 노동자의 관련성에 대해서 살펴보고자 한다. 이주 노동자의 현존을 포도원 일꾼과 관련해서 살펴볼 때 계산적이고 이성적인 현대인들의 시각과 대비되는 많은 점을 발견하게 될 것이다.

"포도원 일꾼의 비유(마 20:1-16)"는 사람들이 일반적으로 생각하는 정의나 대가와는 전혀 다른 결과를 제시한다는 점에서 그 해석에 주의를 기울여야 한다. 하루 온종일 12시간을 일했던 노동자와 단지 1시간만 일했던 노동자가 모두 동일한 품삯을 받았다는 것을 현대 사회

---

56) 대부분의 학자들은 마태복음 20:1-16의 단락을 포도원 농부(혹은 일꾼) 비유로 해석하고 있지만 정양모는 이 단락이 포도원 주인의 선함을 강조하고 있다는 점에서 선한 포도원 주인의 비유라고 불러야 한다고 주장한다. 정양모 역주, 「마태오 복음서: 한국 천주교회 200주년 신약성서」, (왜관: 분도출판사, 1990), 170을 참조하라. 헤어링턴(Daniel J. Harrington, S. J.)도 이 단락을 선한 주인의 비유로 해석하고 있다. Daniel J. Harrington, S. J., *The Gospel of Matthew*. Sacra Pagina Series (Collegeville: The Liturgical Press, 1991), 284를 참조하라.

의 사람들이 이해하는 것은 거의 불가능하기 때문이다.[57] 이 비유에 등장하는 포도원 주인은 포도원에서 일하는 모든 노동자에게 노동의 대가로 하루에 한 데나리온를 지불한다는 동일한 계약을 체결한다. 포도원 주인과 노동자들과의 계약에는 아무런 문제가 없는 것을 알 수 있다. 다시 말해서 노동의 대가로 지불하기로 약속한 임금은 한 데나리온으로 노동 계약은 정당하고 공평했다고 할 수 있다. 하지만 단지 1시간만 일했던 노동자가 하루 12시간을 일했던 노동자와 똑 같은 품삯을 받는다는 것을 어떻게 이해할 수 있을까? 자본주의의 계산법에 익숙한 현대인들은 도저히 이 비유를 이해할 수 없을 것이다. 그렇다면 포도원 주인의 임금 지불은 불의한 것인가? 아니면 정당한 것인가? 이 비유는 일반적인 정의를 역전시키고 있음에 주목할 필요가 있다고 헤어(Douglas R. A. Hare)는 주장한다.[58] 일반적인 정의나 공평을 역전시키는 가르침이란 노동 시간에 맞는 적절한 노동 임금의 지불이 예상되지만 그 일반적인 예상을 깨뜨리는 결정을 하고 있다는 사실이다. 다시 말하면 이 비유는 우리가 가지고 있는 편협한 정의를 넘어서는 새로운 가르침을 제공하고 있다는 것을 의미한다. 스미스(Robert H. Smith)는 우리가 가지고 있는 정의를 넘어서는 인간의 행동에 대한 예수의 가르침에 대해서 다음과 같이 제시한다:

> 그(예수)는 인간 행동의 두 가지 대조적인 패턴을 분명하게 묘사하고 있다. 한편 행동은 모든 것이 정확하게 평가되고, 기록되고, 계

---

57) 이 비유에 등장하는 노동자들은 오전 6시부터 오후 5시까지 포도원에서 일하도록 일꾼으로 채용되고 있는 것을 볼 수 있다. 이스라엘의 시간 구분은 일출서부터 일몰까지를 12등분한 이스라엘 시간 구분에 따라 새벽(오전 6시)-셋째 시간(9시)-여섯째 시간(12시 정오)-아홉째 시간(오후 3시)-열한째 시간(오후 5시)이라 한다. 정양모, op.cit., 171을 참조하라.
58) 헤어(Hare)는 그 비유는 우리를 불쾌하게 하는 것이다. 그것은 정의에 대한 우리의 상식에 도전한다. 우리는 12절의 불평하는 노동자와 같은 마음이라고 정의에 일반인들의 입장을 설명하고 있다. Douglas R. A. Hare, op.cit., 230을 참조하라.

산되고, 균형 잡힌 계약적 관계의 그물망에 의해서 전적으로 결정되는 것이다. 그와 같은 행동은 분명하게 인간사에서 부정의와 독단에 대항해서 제방을 쌓도록 결정하는 사람들의 높고 위대한 성취로서 옹호 될 것이다. 그러나 이 비유는 그와 같은 문명적인 계산은 충격적이고 과분한 호의, 축복에 쉽게 도달하는 자유롭고 효과적인 호의와 차이를 보인다.[59]

이 비유를 대하는 보통의 평범한 사람들(혹은 그리스도인)은 그들이 평소에 생각하고 기대하는 것과 전혀 다른 결과를 제시되고 있음에 상당한 충격을 받을 것이다. 정확하고 균형 잡힌 결정이 정의라고 생각하는 보통 사람들의 생각을 넘어서는 예수의 선언은 파격적이라고 할 수 있다. 결국 인간의 정의를 뛰어넘는 하나님의 정의를 암시하고 있음을 발견하게 된다. 자본주의 사회에서 철저한 계산과 평가에 의한 정의 실현이 가장 정당하고 균형 잡힌 것이라는 시각을 지닌 사람들은 쉽게 이 비유를 이해할 수 없을 것이다. 사람들의 지혜롭고 문명적인 계산은 하나님의 과분하고 충격적인 계산법으로 충격을 받게 된 것이다. 슈바이쩌(Eduard Schweizer)가 말하는 것처럼 "의에 대해서 자기 자신의 생각을 갖고 있는 사람은 이것을 이해할 수 없다"[60]고 할 수 있다. 사람의 정의가 아니라 하나님의 정의의 측면에서 바라볼 것을 촉구하는 것이다. 사람들이 이해할 수 없고 동의할 수 없는 하나님만의 계산법에 대한 인식의 전환을 요청하는 것이다. 따라서 이 비유를 이해할 수 있는 방법은 "정의의 편협한 개념을 뛰어넘는 하나님 사랑의 전적인 자유에 대해서 강조"[61] 할 때 가능하다. 사람들의 편협한

---

59) Robert H. Smith, *Matthew*. Augsburg Commentary on the New Testament (Minneapolis: Augsburg Publishing House, 1989), 208.

60) Eduard Schweizer, 한국신학연구소번역실역, 「국제성서주석 마태오복음」 (서울:한국신학연구소, 1986), 414.

61) Gustavo Gutirrez, *The God of Life* (London: SCM Press, 1991), 110.

정의의 개념을 뛰어넘는 하나님의 관점을 이해하는 것이 바로 인식의 전환의 출발점이라는 것이다. 그렇다면 사람의 정의를 뛰어넘는 하나님의 전적인 사랑이란 무엇인가? 가장 늦게 포도원에 와서 일한 노동자에 대한 포도원 주인의 선의를 설명하면서 인간의 저울을 능가하는 하나님의 저울에 대해서 소설가 박완서는 다음과 같이 기술하고 있다:

> 포도원 일꾼이라면 물론 말발이나 글발로 먹고 살 수 있는 지식인은 아니었을 테고 요즈음의 기능직하고도 달라 그냥 몸 힘 하나로 가족을 먹여 살리려는 막 노동꾼이었을 것이다. 그 일꾼의 초조하고 초라한 모습과 그를 바라보는 예수님의 따뜻하고 부드러운 연민의 시선과의 만남은 슬프고도 아름답다. 예수님은 그들에게도 한 데나리온을 주라고 말씀하신다. 한 데나리온을 현대의 화폐가치로 환산하면, 아마 사람답게 살 수 있는 최소한의 임금이 되지 않았을까. 막노동 시장에 일손이 딸리는 현상도 먼저 온 일꾼, 바꾸어 말하면 더 약은 사람과의 물질적 정신적인 차별대우 때문이지 결코 일하기가 싫어서는 아닐 것이다. 가진 자가 먼저 걱정해야 할 일은 노동을 기피하는 풍조가 아니라, 자신이 어떤 포도원 주인이 되느냐 하는 것일지도 모르겠다. 과연 그분의 저울은 인간의 지혜가 만든 어떤 정밀한 저울보다도 틀림이 없다.[62]

사람들이 정확한 계산이나 평가를 통한 노동에 대한 정당한 대가나 대우를 기대하는 것은 당연하다. 하루 온종일 12시간 노동을 했던 노동자에게 정당한 대가를 제공하는 것을 정의라고 할 수 있다면 하루에 단 1시간만 노동한 노동자에게 동일한 대우를 했다면 그것은 정의를 뛰어 넘는 은혜 혹은 사랑이라고 할 수 있다. 그렇다면 하루 종일 수고하고 애썼던 노동자에게 불의를 행한 것일까? 이 비유가 제시하는 교훈은 그렇지 않다고 말한다. 하루 종일 일한 노동자에게 불의를 행한

---

[62] 박완서, "그분의 저울", 정양모, 「마태오 복음 이야기」 (서울: 성서와 함께, 1999), 221에서 재인용.

것이 아니라 오히려 하루에 단 1시간만 일한 노동자에게 선의를 베풀었다고 가르치고 있는 것이다. 하루에 단 1시간의 노동을 하고 동일한 하루의 노동 임금이 지급되었다는 것은 결국 포도원 주인의 선의에 주목해야 알게 된다. 포도원에 늦게 들어와서 1시간밖에 일할 수 없었던 일꾼은 게으르거나 나태하기 때문이 아니라 다른 사람들처럼 노동의 기회가 주어지지 않았기 때문이라는 사실에 주목할 필요가 있다. 노동시장에서 소외되고 주변화 되어 있었던 사람들을 향한 관심과 그들 가족들의 생계에 대한 관심을 반영하는 것이다. 이것이 바로 인간이 정확하다고 말하는 인간의 저울을 능가하는 하나님의 저울의 의미인 것이다. 다시 말해서 이 비유를 통해서 얻게 된 교훈은 "십일 시에 참가했던 사람들, 고용할 가치가 없는 것으로 여겨졌던 사람들에게 보여준 은혜에 초점을 맞춘다. 단지 은혜의 영역에서만 모든 노동자의 평등한 대우가 가능하다"[63]는 것이다. 단지 1시간 동안 포도원에서 일할 수밖에 없었던 포도원의 일꾼은 노동시장에 늦게 도착했던 조선족 동포를 포함하는 이주 노동자의 신분과 처지와 참으로 비슷하다. 한국교회와 그리스도인이 조선족 동포나 이주 노동자를 사람의 저울로 평가하기보다는 하나님의 저울로 바라볼 필요가 있는 것은 바로 이 비유가 하나님의 정의의 역전을 강조하고 있기 때문이다.

한국사회에 임시로 거주하는 조선족 동포를 포함하는 이주 노동자에 대해서 한국교회와 그리스도인은 어떤 시선으로 바라보고 있는가? 포도원 일꾼 비유에 등장하는 포도원에 가장 늦게 들어와서 일하는 일꾼이 바로 조선족 동포이며 이주 노동자들이라는 사실을 인식할 필요가 있다. 일할 기회와 시간이 없어서 시장을 서성거리며 일거리를

---

[63] Donald A. Hagner, *Matthew 14-28*. Word Biblical Commentary (Dallas: Word Books, 1995), 572-573.

찾고 있던 포도원의 가장 늦게 들어온 일꾼이 바로 이 시대의 이주 노동자들이다. 한국교회와 그리스도인은 조선족 동포나 이주 노동자들을 향한 하나님의 정의에 주목해야 한다. 포도원에 가장 늦게 들어 왔지만 포도원의 다른 일꾼들과 동일한 임금을 지불하는 선의를 베푸신 하나님의 정의로운 가르침은 한국사회의 조선족 동포와 이주 노동자를 동일한 정의와 은혜로 대우할 것으로 요청하고 있음을 인식할 필요가 있다.

포도원 일꾼 비유에서 예수는 일꾼들의 신분이 역전된다고 결론을 내린다. 마태복음 20:16에서 오후 5시에 포도원에 들어 와서 단 1시간만 일한 노동자(나중 된 자)와 새벽 6시부터 오후 6시까지 12시간 동안 일한 노동자(먼저 된 자)를 대조하고 그들의 처지가 완전하게 역전될 가능성을 제시하고 있다. 이렇게 일꾼들의 신분과 처지가 역전되는 이유는 무엇인가? 먼저 이처럼 신분과 처지가 역전되는 일꾼(노동자)이 누구인지 규명할 필요가 있다. 마태복음 연구자들은 하루 온 종일 일한 노동자와 단 한 시간만 일한 노동자가 누구인지 규명하기 위해서 노력해 왔다. 그 가운데 많은 학자들은 하루 종일 수고와 더위를 견뎌 냈던 노동자들은 먼저 된 자들로 유대인을 가리킨다고 주장한다.[64] 아마도 이들 학자들은 마태복음의 저자가 이 비유를 통해서 하나님이 이스라엘에게 부여한 "특별한 위치"[65]나 신분이 상실되고 역전되고 있음을 강조하고 있는 것처럼 보인다. 반면에 단 한 시간만 일한 노동자에 대해서는 다양한 의견이 제시되는 것을 볼 수 있다.[66] 나중에 온

---

64) 정양모, 키(Howard Clark Kee) 그리고 헤이그너(Donald A. Hagner)는 이 비유에 등장하는 하루 종일 일한 사람들을 유대인 혹은 이스라엘로 간주한다. 정양모, 「마태오 복음 이야기」, 222; Howard Clark Kee, 서중석 역, 「신약성서의 이해」 (서울: 한국신학연구소, 1990), 208; Donald A. Hagner, op.cit., 573을 참조.

65) Howard Clark Kee, op.cit., 208.

일꾼(노동자)에 대한 관심을 갖는 학자들의 상당수는 먼저 온 일꾼(노동자)인 유대인에게 주어진 특별한 신분이 상실되고 이방인 혹은 이방 그리스도인이 유대인의 신분과 위치와 대조되고 또한 역전이 이루어지고 있다는 점을 강조한다고 주장한다. 물론 마태복음의 저자는 유대인 혹은 이스라엘이 가지고 있는 우선권이 상실되고 그것을 나중에 온 이방인 혹은 이방 그리스도인이 차지하게 되었다고 주장하는 것처럼 보인다. 그러나 신분과 위치의 역전은 조금 더 확장되고 있음을 인식해야 한다.

노동에 대한 정당한 대가를 주장하고 기대하는 일반적인 사람들의 정의와 평가를 전적으로 능가하는 하나님의 은혜와 정의를 강조하고 있는 것으로 "포도원 일꾼 비유"를 해석할 수 있다면 일반적인 사람의 사고 혹은 가치구조를 역전시키는 하나님의 가치를 내포하고 암시하는 해석학적 관점을 또한 발견할 수 있을 것이다. 다시 말해서 '나중 된 자로서 먼저 될 것(마20:16)'이라는 선언은 "가난한 사람들과 서민들을 염두에 두지 않는 이 세계의 가치구조와 대립"[67]하는 분명한 성서적 교훈을 제시하는 것이다. 이 세상의 가치구조는 주변화 되고 소외된 사람들에 대한 관심보다는 부와 권력 그리고 능력을 지닌 사람들에게 더욱 관심을 갖는 세계관을 갖고 있다고 할 수 있다. 하지만 이 비유에서 제시하는 먼저 된 사람과 나중 된 사람의 신분과 위치의 역전은 일반적인 사람들의 사고와 가치관의 역전으로 이어진다고 할 수 있다. 힐(David Hill)은 시각의 역전에 대해서 다음과 같이 주장한다:

---

[66] 정양모는 나중에 고용된 일꾼은 그리스도인들을 가리킨다고 주장하고, 키(Kee)는 이방인들이라고 주장한다. 반면에 헤이그너(Hagner)는 이 비유는 이방 그리스도인과 유대 그리스도인의 동등성을 나타내는 것이라고 주장하고 있다. 정양모, op.cit., 222; Howard Clark Kee, op.cit., 208; Donald A. Hagner, op.cit., 573을 참조하라.

[67] Gustavo Gutirrez, op.cit., 104.

그것의 주된 관심은 하나님의 나라에 '늦게 도착한 사람들'을 환영하는 하나님의 주권적인 은혜와 호의를 나타내는 것이다. 그것은 멸시 받는 사람들, 버림받은 사람들과 죄인들이 하나님 나라에서 받아들여지는 것을 비판했던 (바리새인처럼) 불평하는 사람들을 닮았던 사람들에게 선언되었다.[68]

이 비유가 일반적으로 유대인과 이방인 혹은 유대인과 이방 그리스도인의 신분과 위치의 역전을 제시하고 있다고 해석할 수 있지만 그러한 해석을 넘어서는 중요한 암시는 이 세계의 가치구조와 세계관의 역전을 강조하는 것이라 할 수 있다. 비유에 등장하는 '나중 된 자'는 단지 유대인에서 이방 그리스도인으로 사람들의 대체를 의미할 뿐만 아니라 사회적, 문화적, 경제적 그리고 종교적 약자를 의미할 수 있는 개연성을 내포하고 있는 것이다. 다시 말해서 포도원에 늦게 도착해서 단 1시간의 노동을 했지만 먼저 도착한 노동자들과 동일한 대우와 대가를 받았던 사람들은 하나님께서 특별히 사랑하시는 소외계층과 주변화 된 사람들을 상징적으로 암시하고 있다고 인식할 필요가 있다. 따라서 원래는 나중 된 사람들이었지만 신분과 위치의 역전을 통해서 먼저 된 사람이 되었던 그리스도인이 "하나님의 선하심을 알지 못하고 하나님이 부르신 〈보잘 것 없는 사람들〉에 대해서 마음으로 함께 기뻐할 수 없다면 나중 된 사람이 될 수도 있다"[69]는 사실을 인식하게 된다. 신분과 위치의 역전이 계속될 수 있다는 교훈을 간과할 수 없다. 이 시대의 소외계층이나 주변화 되고 버림받은 사람들에 대한 관심을 무시하는 그리스도인은 그 신분과 위치를 잃고 나중 된 사람들로 전락할 수 있다는 경고의 메시지를 올바로 받아들일 필요가 있다. 조선족

---

68) David Hill, *The Gospel of Matthew*. The New Century Bible Commentary (Grand Rapids: William B. Eerdmands, 1972), 285.

69) Eduard Schweizer, op.cit., 416.

동포를 포함한 이주 노동자가 바로 한국사회의 소외계층과 주변화 된 사람들로 하나님의 관심을 특별히 받는 사람들인 것이다. 한국교회와 그리스도인들은 이주 노동자들을 향한 관심과 애정을 간과하고 무시한다면 하나님으로 받았던 먼저 된 사람들의 특권과 신분이 역전될 수 있다는 경고에 귀 기울일 필요가 있다.

의식과 가치관의 전환은 예수가 이 비유를 통해서 전달하고 싶은 복음의 내용과 일맥상통한다. 이 비유를 통한 역설은 소외되고 버림받고 힘없는 사회적 약자의 친구와 가족이 되고자 실천했던 예수의 삶과 가르침을 옹호하고 있는 것이다.[70] 복음서에 나타나는 예수의 삶과 가르침을 살펴보면 언제나 사회적 약자나 소외 계층과 함께 어울리며 친구가 되어 주는 모습을 발견할 수 있다. 소외계층이나 버림받은 사람들과 함께 어울리는 예수의 모습은 그들을 향한 예수의 특별한 사랑과 관심을 발견할 수 있는 것이다. 이 비유에 나타나는 가치와 세계관의 역전은 바로 예수의 삶과 가르침과 아주 밀접한 관련이 있음을 알 수 있다. 다시 말해서 신분과 가치의 역전이라는 메시지를 담고 있는 이 비유를 통해서 예수는 "가장 약한 사람들과 억압 받는 사람들을 위한 그의 편애"[71]를 설명하고 있는 것이다. 분명히 예수의 삶은 사회적 약자와 소외계층에 대한 특별한 관심과 사랑을 나타내고 있다. 사회적 약자에 대한 예수의 편애에 대해서 정양모는 다음과 같이 기술한다:

---

[70] 키(Kee), 헤어(Hare) 그리고 헤어링턴(Harrington)은 이 소외된 사람들에 관심을 갖는 예수를 비난하는 사람들에 대한 예수의 자기 변호를 위해서 사용되었다고 주장한다. 예수가 함께 어울리는 세리와 죄인들은 사회적 혹은 종교적 소외계층으로 유대 지도자들이 경멸하고 멸시하는 사람들이었다. 그와 같은 사람들과 함께 어울리는 예수는 언제나 유대 지도자들의 비난의 이유가 된 것이다. Howard Clark Kee, op.cit., 208; Douglas R. A. Hare, op.cit., 230; Daniel J. Harrington, op.cit., 284를 참조.

[71] Gustavo Gutirrez, op.cit., 111.

예수께서 하나님을 본받아 밑바닥 인생들을 편애하신 사실은 잃은 양을 되찾고 기뻐하는 목자의 비유, 잃은 은전을 되찾고 기뻐하는 부인의 비유, 잃은 아들을 되찾고 기뻐하는 아버지의 비유(눅 15장), 죄인들과 세리들과 어울려 식사하셨다는 단화(막 2:16-17), 여리고 세관장 삭개오 이야기(눅 19:1-10) 등에서 잘 드러난다.[72]

예수의 생애는 사회적 약자와 소외계층과 어울리며 함께 생활하는 것으로 요약해 볼 수 있다. 사회에서 버림받고 무시되는 힘없고 약하고 소외된 사람들을 향한 예수의 끝없는 사랑과 관심은 유대 지도자들과는 대조적인 특별한 실천이라고 할 수 있다. 사회의 밑바닥 인생들을 향한 하나님의 사랑에 대한 예수의 실천은 이 비유에서 제시하는 가치와 세계관의 역전 혹은 전환을 이해할 수 있게 한다.

결국 포도원 일꾼 비유는 '나중 된 자와 먼저 된 자'의 신분과 위치의 역전을 통한 사고와 가치관의 전환을 강조하고 있다고 할 수 있다. 한국사회 혹은 한국교회에 있어서 하나님의 포도원에 나중에 온 사람들과 먼저 온 사람들은 누구인가? 분명히 한국교회의 먼저 온 사람들은 그리스도인으로 조선족 동포를 포함하는 이주 노동자들보다 많은 혜택과 경제적 부를 누리고 사는 사람들이다. 또한 한국사회의 나중에 온 사람들은 성서에 등장하는 사회적 약자와 소외계층으로 하나님께서 특별한 사랑과 관심을 갖는 사람들이다.

한국사회에 임시로 거주하는 조선족 동포를 포함하는 이주 노동자들은 포도원에 가장 늦게 동참한 노동자들과 같다. 소외계층과 사회적 약자를 향한 하나님의 사랑과 예수의 실천적 가르침을 이해하지 못한다면 먼저 된 한국교회와 그리스도인들은 그 신분과 가치를 상실할 수

---

72) 정양모, op.cit., 219.

있다고 이 비유는 말하고 있다. 한국사회에 임시로 거주하는 조선족 동포와 이주 노동자들은 포도원 일꾼 비유에 등장하는 포도원에 가장 늦게 들어 온 일꾼으로 동일한 임금과 대우가 필요한 사람들이다. 이러한 의식과 가치관의 전환이 없다면 한국교회와 그리스도인이 가지고 있던 하나님의 자녀로서의 특권과 신분이 역전될 가능성이 있음을 기억할 필요가 있다.

4. 조선족 동포와 한국교회의 선교

마태복음의 "포도원 일꾼 비유"는 한국교회와 그리스도인의 정체성을 확인하는 중요한 메시지를 제공하고 있다. 이 세계와 하나님 나라 사이에 머물고 있는 이중적 정체성을 지니고 사는 그리스도인이라면 분명히 나그네와 행인의 가치관과 세계관을 가지고 있어야만 한다. 다시 말해서 이중적 정체성을 지니고 있는 그리스도인이라면 한국사회에 임시로 거주하는 조선적 동포를 포함하는 이주 노동자들과 동일시 할 수 있는 나그네로서의 정체성을 지녀야 한다고 말할 수 있다. 이와 같은 이중적 혹은 다중적 정체성에 대한 올바른 인식과 가치관의 전환은 한국교회의 조선족 선교를 위한 중요한 출발점이라고 할 수 있다. 만약 한국교회와 그리스도인이 이 세계와 하나님 나라를 동시적으로 살아가는 나그네 혹은 외국인으로 자신을 동일시할 수 있다면 한국사회에 임시로 거주하는 조선족 동포를 포함하는 이주 노동자와 동일한 정체성을 지닐 수 있을 것이다. 바로 이러한 인식과 가치관의 전환은 이주 노동자의 문제를 해결하는 실마리가 될 것이다.

'포도원 일꾼 비유'의 빛에서 볼 때 한국사회와 한국교회는 조선족 동포를 포함하는 이주 노동자들과 비교해서 분명히 포도원에 일찍

고용되어 일한 먼저 온 사람들이다. 한국교회의 그리스도인은 일할 수 있는 기회와 혜택을 받고 가족들의 생계를 책임질 수 있는 보다 윤택한 삶을 살아왔던 포도원에서 먼저 일한 사람들이다. 반면에 포도원(노동 시장)에 가장 늦게 온 사람들은 한국사회에 임시로 거주하는 조선족 동포를 포함하는 이주 노동자들이다. 만약에 "포도원 일꾼 비유"를 이렇게 나중 된 사람들과 먼저 온 사람들의 신분과 가치의 역전을 강조하는 메시지로 해석한다면 한국교회의 그리스도인(한국사회의 노동자를 포함하여)과 조선족 동포를 포함하는 이주 노동자들 사이의 신분과 역할의 역전이 일어날 가능성을 제안하는 것으로 읽을 수 있게 된다. 일반적인 사람들의 정의나 가치를 능가하는 하나님의 정의를 이 비유를 통해서 깨달을 수 있다면 조선족 동포를 향한 성서적 교훈을 어렵지 않게 발견할 수 있는 것이다.

한국교회는 조선적 동포를 포함하는 이주 노동자들을 바라보는 시각과 관점을 전환해야 할 때가 되었다. 한국사회에 임시로 거주하는 조선족 동포와 이주 노동자를 위한 선교를 위해서 우선적으로 한국교회의 그리스도인으로서의 올바른 성찰과 정체성의 발견이 선행되어야 할 것이다. 왜냐하면 포도원 일꾼의 비유는 "우리가 우리 자신에 관해서, 다른 사람들에 관해서 그리고 하나님에 관한 새로운 사고들을 생각하도록 강요하는 것"[73]이 그 주된 목적이라고 할 수 있기 때문이다. 사람들의 정의를 능가하는 하나님의 정의 그리고 이 세계의 가치와 세계관을 전복시키고 역전시키는 하나님의 관점을 갖는 것은 이 비유를 통해서 한국교회의 그리스도인들이 발견해야 하는 중요한 가르침이다. 다시 말해서 조선족 동포를 위한 선교에 앞서서 우선적으로 선행

---

73) Thomas G. Long, *Matthew*. Westminster Bible Companion (Louisville: Westminster John Knox Press, 1997), 224.

되어야 하는 것은 한국교회의 그리스도인의 정체성에 대한 올바로 성찰과 반성이라고 할 수 있다. 그리스도인으로서의 정체성은 이전에 우리가 포도원에 가장 늦게 들어와서 일했던 일꾼이며 노동자였다는 사실을 인식하는 것이다. 또한 성서적 가르침은 사회적 약자와 소외 계층에 대한 관심과 특별한 애정을 지닌 하나님을 보도하고 있다는 사실이다. 한국사회에 임시로 거주하는 조선족 동포는 불과 얼마 전의 한국교회의 그리스도인의 정체성과 흡사하다는 사실을 인식하고 반성하는 것은 조선족 동포를 위한 선교의 중요한 출발점이 된다.

"포도원 일꾼" 비유에 등장하는 포도원에 가장 늦게 고용되어 온 사람들도 동일하게 한 데나리온의 품삯을 받게 되었을 때 비난하고 불평하던 사람들은 포도원 주인의 선한 의도(20:13-15)를 듣고 어떤 반응을 보였는지 언급되지 않는다. 그와 같은 열린 결론은 우리 자신을 돌아볼 수 있는 기회를 제공하고 있다고 슈바이쩌(Schweizer)는 다음과 같이 말한다:

> 비난하던 사람들이 그들의 주인의 말에 납득하고 그의 선함을 보는 것을 배웠는지 아닌지는 더 이상 언급되지 않는다. 따라서 이것이 바로 예수가 그의 말을 듣는 사람들에게 남긴 물음이다. 이것은 그들이 이것을 통해서 하나님의 눈으로 보는 것을 배우며 더 이상 자기 자신의 "나쁜 눈"[74]으로 보지 않는 것을 배울 수 있는가에 대한 문제이다.[75]

조선족 동포와 같은 사회적 약자에 대한 시각과 관점의 전환이 요청된다고 할 수 있다. 그들을 하나님의 눈을 통해서 바라볼 수 있는 시각

---

74) 힐(Hill)은 나쁜 눈(evil eye)을 다음과 같이 정의한다: 나쁜 눈은 시기와 질투 그리고 너그러운 감정이 부족한 상태를 나타내는 오래되고 잘 알려진 성서적 표현이다. David Hill, op.cit., 286.
75) Eduard Schweizer, op.cit., 414.

의 전환은 조선족 동포를 포함하는 이주 노동자에 대한 관심과 선교적 사명을 위해서 필수적이다. 한국교회의 그리스도인들은 그들의 불타는 열정과 수고가 분명히 하나님 나라에서 커다란 대가와 보상이 주어질 것으로 기대할 것이다. 그리고 모든 그리스도인은 그 보상을 받을 만한 자격과 조건을 갖추고 있다고 말할지도 모른다. 하지만 포도원 일꾼의 비유는 우리 그리스도인들을 겸손하게 만든다고 헤어(Hare)는 지적한다:

> 비록 누군가가 그들의 오래되고 값진 희생이 하나님 나라에서 보다 높은 수당이 그들에게 주어질 것이라고 느낄지라도, 모든 사람들은 사실은 십일 시(오후 5시)에 온 노동자와 같다는 것을 겸허하게 인식할 필요가 있다. 그 누구도 하나님이 그들을 위해서 준비하고 있는 영광스러운 미래를 받을만한 가치는 없다.[76]

우리 자신이 포도원에 가장 늦게 들어와서 일할 기회를 얻은 노동자라는 의식을 갖는다면 정당한 대가와 보상을 주장하면서 불평하지 않을 수 있다. 오히려 우리가 받은 보상에 대해서 감격하고 감사할 것이다. 한국사회의 조선족 동포는 성서적 관점으로 볼 때 포도원(노동 시장)에 가장 늦게 도착한 일꾼들이다. 또한 그들은 예수가 그토록 사랑하고 관심을 갖고자 했던 사회적 약자들이다. 뿐만 아니라 그들은 한국 땅에 잠시 머물다가 떠나갈 나그네이다. "포도원 일꾼 비유"에서 반복해서 강조하는 것처럼 포도원에 가장 늦게 도착한 일꾼들, 소외되고 버림받은 사회적 약자들 그리고 집도 없이 방랑하는 나그네와 같은 사람들인 한국사회의 조선족 동포는 분명히 하나님의 관심과 특별한 애정의 대상인 것이다. 한국교회의 그리스도인들은 결코 이 땅의 주인

---

76) Douglas R. A. Hare, op.cit., 231.

이 아니라 이주 노동자들과 같은 사회적 약자 혹은 나그네라는 인식을 갖고 하나님이 계속해서 편애하는 조선족 동포를 포함하는 이주 노동자에 대한 관심과 선교적 사명을 인식해야 할 것이다.

제4장
북한이탈주민 선고와 성서 해석

제4장
북한이탈주민 선교와 성서 해석

1. 문제제기

　최근 한국사회에 남과 북의 화해와 하나 됨이란 문화적 이슈를 선도적으로 전달하는 역할을 담당해 온 것 가운데 하나는 바로 영화라고 할 수 있다. 800만 명의 관객을 동원한 한국영화 〈웰컴 투 동막골〉과 〈태풍〉이 400만 명의 관객이 관람하여 한국사회가 이념적인 문제와 주제에 매우 탄력적이고 유연한 시각을 가지고 있음을 나타내 주고 있다. 남과 북의 이념적 갈등이나 화해를 주제로 한 영화가 1990년대 초반부터 한국사회에 관심의 대상이 되었던 이래로 영화 〈웰컴 투 동막골〉은 한국 전쟁을 새로운 시각으로 바라보면서 국군과 인민군의 갈등과 화해에 초점을 맞추면서 남한과 북한의 화해라는 보다 폭넓은 주제를 영상화하기에 이른다. 최근에 개봉한 영화 〈태풍〉은 남한과 북한에서 모두 버림을 받은 북한이탈주민이 주인공으로 등장하여 북한이탈주민의 존재에 대한 관심뿐만 아니라 그들이 지니고 있는 정체성의 문제를 수면으로 끌어올리고 있다.

우리 사회에서 북한이탈주민이 관심의 대상이 된 이후 다양한 시각과 관점으로 북한이탈주민의 위상과 역할 그리고 정체성에 대해서 논의해 왔다. 문화적, 사회적, 정치 경제적, 심리적 그리고 종교적 측면에서 다각적 연구와 학문적 대안을 제시하려는 노력을 기울여 왔다. 우리 사회에 머물고 있는 북한이탈주민은 우리와 어떤 관계이며 또한 어떤 위상과 역할을 지닌 존재인가에 대한 논의는 통일 이후의 남과 북의 사회 통합을 위해서 매우 중요한 일이라고 할 수 있다. 따라서 북한이탈주민의 위상과 정체성의 연구는 한국교회의 선교적 함의를 도출하는데 매우 유용한 고찰이 될 수 있다.

북한이탈주민이 한국사회에서 차지하는 위치는 곧바로 통일 이후의 남과 북의 사회통합이나 북한선교를 위한 척도와 관련이 있다고 할 수 있다. 따라서 한국사회에서의 북한이탈주민과 한국교회와 북한이탈주민의 연관성을 고찰하는 것은 매우 중요한 선교 과제를 수행하는 것이다. 이 글에서는 첫째로 북한이탈주민의 정체성 문제를 고찰하면서 한국사회에 공존하는 북한이탈주민의 현존을 간략하게 살펴볼 것이다. 둘째로 초대 그리스도교 공동체 속에 나타난 유대 그리스도인과 이방 그리스도인의 정체성의 갈등 그리고 통합의 과정을 추정할 수 있는 갈라디아서 3장28절을 고찰함으로써 북한이탈주민의 정체성을 위한 성서적 전거를 찾아보려고 한다. 셋째로 이중적 정체성 또는 다중적 정체성을 지닌 사람들이 새로운 정체성을 소유하며 '혼종적 정체성(hybrid identity)'을 형성하는 이론적 근거를 고찰하면서 남과 북을 포괄할 수 있는 혼종적 정체성의 개념을 통해서 북한이탈주민의 새로운 정체성 혹은 대안적 정체성을 제안하고자 한다.

2. 북한이탈주민의 정체성 문제

북한이탈주민의 정체성의 문제는 "북한이탈주민의 남한 입국의 사회적, 문화적, 정치 경제적인 이유"[77]를 점검하는 것으로부터 시작될 수 있다. 북한이탈주민이 남한 사회로 입국하는 이유와 그로 인해서 야기되는 소위 "북한이탈주민 문제"[78]는 북한이탈주민의 정체성과 밀접한 관련이 있음을 인식할 수 있다. 우리가 북한이탈주민을 어떻게 인식하고 그들 스스로 그들의 정체성에 대해서 어떤 시각을 갖고 있는지를 파악하는 것은 남한사회에 공존하는 북한이탈주민에 대한 우리의 태도와 관점을 소유하는데 매우 유용할 것이다. 윤인진이 지적하는 것처럼 북한이탈주민의 현존을 고찰하는 것은 결국 정체성의 문제라고 할 수 있다:

> 이렇듯 탈북자 문제의 진단과 처리 방안을 놓고 우리 사회에서 상이한 문제 인식, 가치관, 해결방안들이 충돌하고 있다. 이런 혼란의 근본 원인은 '북한이탈주민은 누구인가?', '북한이탈주민은 우리에게 어떤 존재인가?' 라고 하는 북한이탈주민의 정체성에 대한 사회적 합의와 공감대가 형성되지 않았기 때문이다.[79]

---

[77] 정종훈 교수는 북한이탈주민이 한국사회에 입국하는 이유에 대해서 경제적 절대빈곤으로부터의 해방, 정치적 억압으로부터의 자유, 북한 실정법을 어긴 범죄로부터 도피 등의 경제적 측면, 정치적 측면, 개인적이고 사회적 측면 등으로 분석하고 있다. 정종훈, "북한이탈주민 선교의 그리스도교윤리적인 반성과 방향모색", 한민족평화선교연구소 창립 2주년 평화포럼, 2005.11.25, 1.

[78] 윤인진 교수는 '탈북자 문제'와 관련해서 4가지의 문제의식을 소개하고 있다. 4가지의 문제의식이란 "첫째, 국내로 입국하는 북한이탈주민들의 수가 매년 급증한다는 우려이다. 둘째, 우리 사회에는 북한이탈주민 말고도 실업자, 노숙자, 장애인과 같은 사회적 약자층이 있는데 이들을 특별 대우하는 것이 정당한가에 대한 형평성의 논란이다. 셋째, 국가 차원의 관심과 지원에도 불구하고 대다수 북한이탈주민들이 사회 적응에 어려움을 겪고 있어 지원 정책의 실효성이 떨어진다는 지적이다. 넷째 10~20만 명으로 추정되는 재외 북한이탈주민들의 처리 방안에 대한 논란이다" 등이다. 윤인진, "북한이탈주민에 대한 사회문화적 이해", 대한예수교장로회 총회 국내선교부 편, 「북한이탈주민선교와 생명살리기」 (북한이탈주민선교 워크샵 자료집 2005. 5.3.), 5-6.

[79] 윤인진, op.cit., 7.

북한이탈주민의 정체성은 우리가 그들을 정의하는 방법과 그들 스스로 자기 정체성을 찾는 방법 그리고 다각적인 시각과 관점으로 북한이탈주민의 정체성을 고찰하는 방법 등이 있을 수 있다. 이 글은 북한이탈주민이 한국사회에서 차지하는 위상에 대한 시각만을 제시하는 한계를 가지고 있음을 인식하면서 북한이탈주민의 정체성을 논의해 보고자 한다. 여기에서 논의하는 북한이탈주민의 정체성 주제는 객관적이거나 보편타당한 정의를 제시할 수 없다. 정체성이란 상황과 형편에 따라 언제든지 변할 수 있는 가변적 성격을 지니고 있음을 인식하면서 논의하는 것이 바람직하다. 문화연구의 선두주자인 스튜어트 홀(Stuart Hall)은 정체성의 가장 중요한 요소로 변화 가능성을 지적한다. 다시 말해서 정체성이란 언제든지 변화할 수 있으며 시대와 상황에 따라 다른 정체성을 지닐 수 있다는 것을 제시하는 것이다:

> 정체성은 우리가 생각하는 것처럼 투명하거나 문제가 없는 것이 아니라 아마도 새로운 문화적 실천이 재현되는 이미 수행된 사실로서 정체성을 생각하는 대신에, 우리는 결코 완성되지 않고, 항상 진행 중이고, 항상 외부에서가 아니라 재현 내에서 구성되는 산물로서 정체성을 생각해야만 한다.[80]

스튜어트 홀(Stuart Hall)의 정체성에 대한 정의를 통해서 북한이탈주민이 갖게 될 정체성을 추정해 볼 수 있게 된다. 북한사회에서 가지고 있던 정체성이 남한사회에 적응하고 정착하면서 새로운 정체성을 지니게 되는데 북한과 남한을 넘어서는 새로운 정체성을 지닐 수 있는 가능성을 인식하게 되는 것이다. 다시 말해서 북한사회와 남한사

---

[80] Stuart, Hall, "Cultural Identity and Diaspora", Patrick Williams and Laura Chrisman(eds.), *Colonial Discourse and Post-colonial Theory: A Reader* (London: Harvester Wheatsheaf, 1994), 392.

회 사이의 간극(gap)을 경험하는 북한이탈주민은 이를 통해서 차이(difference)를 발견하게 되면서 "그 차이를 통해서 창조되거나 구성된 자기 정체성의 표현의 출구"[81]를 표출할 수 있게 되는 것이다. 북한이탈주민이 한국사회에서 갖게 되는 새로운 정체성은 북한사회와 남한사회에서 체험하게 되는 문화적 간극과 차이를 통한 혼돈과 갈등의 양상을 발견할 수 있다. 결국 정체성은 고정되거나 불변하는 용어가 아니라 변화 가능성을 지닌 용어라는 점을 인식할 때 북한이탈주민의 정체성이 사회적, 경제적, 문화적인 요인에 따라 전혀 다른 모습으로 나타날 수 있음을 인식할 수 있다.

북한이탈주민의 정체성과 관련해서 사회적, 정치 경제적 측면에서 다각적인 시각과 관점으로 서술할 수 있는데 윤인진은 북한이탈주민의 신분과 역할에 대해서 "이주자, 소수자, 사회문화적 통합을 준비하는 선발대"[82]로 설명하고 정종훈은 여기에 "남한사회를 구성하고 함께 꾸려나가는 동반자"[83]로 북한이탈주민을 인식할 것을 제안하고 있다. 북한선교 혹은 북한이탈주민 선교와 관련된 정체성을 서술하는 시각에서는 통일 후 북한선교를 효과적으로 담당할 수 있는 "예비선교사"[84]로서의 신분을 부여하고 있다. 북한선교에 많은 관심을 갖는 한국교회가 북한이탈주민 선교에 관심과 애정을 갖는 일은 결국 "북한이

---

81) Bill Ashcroft, Gareth Griffiths and Helen Tiffin, *The Empire Writes Back: Theory and Practices in Post-colonial Literatures* (London: Routledge, 1989), 62.
82) 윤인진 교수는 북한이탈주민의 여러 가지 상이한 신분과 역할과 관련된 정체성에 대해서 다음과 같이 주장한다: "첫째, 이들은 이주자이다. 여타 이주자들이 그러하듯이 이들은 생존과 발전을 위해서 새로운 환경과 체제에 적응해야 한다. 둘째, 이들은 소수자이다. 이들은 수적으로 열세이고 정치적, 경제적, 사회적 권력으로부터 소외되어 있다. 이들은 우리 사회에서 사회경제적 적응에 어려움을 겪고 있고, 남한 주민들로부터 사회적 편견과 차별을 경험하고 있다. 셋째, 이들은 통일 후 남북한 주민간의 사회문화적 통합을 준비하는 선발대이다." 윤인진, op.cit., 7.
83) 정종훈, op.cit., 9.
84) 윤인진, op.cit., 8.

탈주민 선교가 북한선교의 초석"[85])이 될 수 있음을 인식하는 것이다. 북한이탈주민에게 부여하는 다양한 신분과 역할은 결국 그들 스스로의 결단에 의한 것이 아니라 학문적 제안이나 선교적 측면에서 부과하는 부담일 수도 있다. 왜냐하면 북한이탈주민이 한국사회에 적응하는 삶의 현황은 상당한 간극과 갈등을 내포하고 있기 때문이다.[86]) 북한선교 혹은 북한이탈주민 선교에 대한 구체적인 논의를 전개하기 전에 북한이탈주민이 한국사회에서 경험하게 되는 정체성의 혼돈과 갈등을 점검하고 차이와 간극을 통해서 형성되는 새로운 정체성의 가능성을 고찰하는 것이 우선적인 과제라고 할 수 있다. 북한이탈주민이 경험하는 간극이나 차이는 결국 한국사회와 한국교회가 반성하고 개선해야 할 측면도 있는 긍정적인 효과도 있는 것이다. 예를 들어서 북한이탈주민은 남한사회의 자본주의 경제 체제에 대한 이중적인 태도를 보이고 있다는 윤인진의 분석을 염두에 둘 필요가 있다. :

> 이들은 남한사회가 북한사회에 비교해서 경제적으로 풍요하고 생산성이 높은 것은 인정하지만 약육강식의 논리가 지배하고 물질만능주의가 팽배한 사회로 인식하고 있다. 특히 자신들과 같은 사회의 약자 층에게는 전혀 배려를 하지 않는 비인간적인 사회로 인식한다.[87])

자본주의 경제체제의 발전으로 나타나는 부정적 효과인 물질만능주의나 사회적 약자에 대한 배려의 부족을 지적하는 북한이탈주민의 지적은 한국사회가 보다 더 나은 사회와 국가를 지향하려는 방향에 도움

---

85) 이만식, "북한이탈주민의 교회에 대한 태도를 통한 이해", 대한예수교장로회 총회 국내선교부 편, 「북한이탈주민선교와 생명살리기」(2005), 38.
86) 정종훈 교수는 북한이탈주민 수기를 분석하면서 남한에 살고 있는 북한이탈주민들의 삶의 현황을 대략 4가지로 소개하고 있다. (1) 기쁨, 감사, 통합 (2) 두려움, 자책감, 좌절감, 외로움 (3) 실망, 분노, 연대 (4) 통일에 대한 기대와 자기 결단 등이다. 정종훈, op.cit., 2-6.
87) 윤인진, op.cit., 12.

을 주는 것이 될 것이다. 그럼에도 불구하고 북한이탈주민의 정체성의 혼돈과 갈등에 영향을 주는 요소가 경제적 요소나 정치 이념이나 제도적 요소보다 문화와 사고방식의 차이와 같은 문화적 요인이라는 사실은 북한이탈주민이 한국사회에서 경험하는 정체성의 혼란의 강도를 예측할 수 있는 것이다.[88] 북한이탈주민의 정체성 형성과 관련해서 남한사회와 북한사회의 합류를 통한 새로운 정체성의 수립을 제안할 수 있게 된다. 다시 말해서 "남한의 거대 담론이 수정되지 않으면서 북한이탈주민들의 건전한 자아 정체성이 확립되기를 기대하는 것은 옳지 않다"[89]는 이대성의 지적은 북한이탈주민의 정체성의 혼돈과 조정에 바람직한 방향을 모색할 수 있게 한다.

3. 갈라디아서 3장28절에 나타난 정체성 논의

신약성서는 초대교회의 다양한 집단의 전혀 다른 사회적, 문화적 그리고 정치 경제적 배경을 지닌 집단이나 인물들을 소개함으로써 당시의 상황을 소개하고 있다. 물론 지금처럼 미세하게 분화된 사회의 현상을 소개하고 직접적으로 연결을 시도할 수 없지만 그럼에도 불구하고 당시의 시대적 정황을 토대로 이 시대의 문제나 주제에 접근할 수 있는 도움을 제공받을 수 있다. 신약성서 시대의 다양한 문제들 가운데 하나는 바로 정체성(identity)과 관련된 갈등과 위기라고 할 수

---

[88] 윤인진 교수는 전우택 교수의 조사 결과를 토대로 북한이탈주민이 한국사회에서 경험하는 어려움의 가장 중요한 요소가 문화차이와 같은 문화적 측면인 것을 지적하고 있다. 통일 후에 예상하는 어려움으로 문화와 사고방식의 차이(28.3%), 경제적 생활수준의 차이(25%), 정치 이념, 사상, 제도의 차이(10.9%) 등을 언급하였다. 윤인진, op.cit., 12.

[89] 이대성, "북한이탈주민의 자아 정체성의 재형성에 대한 연구 – 이야기와 상징을 중심으로 –", 한민족평화선교연구소 창립 2주년 평화포럼, 2005.11.25, 10. 이대성 교수는 남한사회와 북한사회의 두 이야기의 합류를 통해서 두 이야기의 변화를 예측하고 새로운 정체성의 형성을 상정하고 있다.

있는데 특별히 갈라디아서의 정황을 고찰해 본다면 이방적 배경을 지닌 그리스도인은 유대인으로 개종하지 않고도 그리스도인이 될 수 있다는 그리스도의 복음을 전해 듣고 율법의 행위가 아닌 그리스도에 대한 믿음(2:16)으로 그리스도인이 되었다. 하지만 바울의 복음 외에 다른 복음을 전하는 사람들로 인한 정체성의 혼란과 갈등이 문제가 된다. 정체성의 위기의 가장 중요한 이유는 유대인이 되어야만 하나님의 자손이 될 수 있다는 바울의 대적자들의 주장에 갈라디아 그리스도인이 갈등하며 위기를 맞고 있는 것이 문제가 되고 있다. 갈라디아서에 나타난 정체성의 문제와 주제는 결국 유대인이 아닌 이방인들이 그들의 문화, 전통, 관습 그리고 종교적 태도를 버리고 그리스도인이라는 새로운 신분과 위상을 얻게 되면서 생기는 정체성의 문제와 직접적인 관련이 있다고 할 수 있다. 따라서 갈라디아서에 나타난 초기 그리스도인의 정체성의 문제를 통해서 남한사회에 적응을 시도하는 북한이탈주민의 정체성의 문제를 유추하며 고찰하는 것은 유익한 시도라고 할 수 있다.

갈라디아서에 나타난 유대 그리스도인과 이방 그리스도인의 갈등과 대립에 대해서 구체적으로 파악할 수 없지만 새로운 정체성을 위한 바울의 노력을 엿볼 수 있다. 다시 말해서 유대인의 표시인 할례와 아브라함의 자손이 되어야 하나님의 유산을 받을 수 있다고 항변하는 바울의 대적자들의 주장으로부터 그리스도인이라는 신분의 중요성을 강조하는 갈라디아서 3장28절의 구절을 고찰함으로써 정체성과 관련된 초대 그리스도교 공동체의 정황을 추정해 보고자 한다.[90] 간단한 이 구절을 통해서 갈라디아에 위치한 그리스도교 공동체가 구성원들 사이의

---

90) "너희는 유대인이나 헬라인이나 종이나 자유인이나 남자나 여자나 다 그리스도 예수 안에서 하나이니라"(갈라디아서 3장 28절, 개역개정판).

갈등과 위기를 극복하고 새로운 정체성을 형성하려는 노력을 시도했음을 상정할 수 있다. 왜냐하면 바울은 갈라디아서 3장 28절에서 '유대인과 헬라인'이 그리스도 예수 안에서 하나가 되었음을 선언하고 있기 때문이다. 이와 같은 바울의 선언이 의미하는 것이 무엇인지를 간략하게 고찰해 보면 다음과 같이 3가지의 의미를 지닌다고 할 수 있다.

첫째로 갈라디아서 3장28절에서 보도하는 유대인과 헬라인의 구분이 사라졌다는 선언은 인종적, 문화적, 사회적 차이를 넘어선 일치와 하나 됨에 대한 발견이라고 할 수 있다. 차이를 넘어선 일치를 선언한다는 것의 중요성은 그 당시의 상황을 고려해 볼 때 쉬운 일은 결코 아니었을 것이다. 인종적 구분이나 문화와 관습의 차이 그리고 사회적 가치의 상이성에도 불구하고 '유대인과 헬라인'의 구분과 구별이 사라지고 하나가 되었다고 선언하는 근거는 갈라디아서 전체에서 흐르는 신앙적 관점과 일맥상통한다. 한스 베츠(Hans Dieter Betz)는 "명백히 이 '하나 됨'은 한 하나님(3:20), 한 그리스도(3:16), 하나의 사도(1:1, 10-12) 그리고 하나의 복음(1:6-9; 2:7-8; 5:14을 보라)에 일치"[91]하는 신앙고백이 그 근거가 된다고 주장한다. 인종적, 신분적, 성적 차이와 구별을 넘어설 수 있는 가장 중요한 근거는 그리스도교 공동체의 신앙 전승이라는 주장이다. 또한 하나 됨과 일치의 선언은 "개종자의 세례"[92]와 연관된 그리스도교 의식에서 찾아볼 수 있다. 베츠는 갈라디아서 3장28절이 "세례 받은 자의 옛 신분을 명명하고 이 옛 신분이 폐기되었음을 선언"[93]하는 행위라고 지적한다. 이와 같은 견해

---

91) Hans Dieter Betz, *Galatians. A Commentary on Paul's Letter to the Churches in Galatia* (Philadelphia: Fortress Press, 1974), 200.
92) Dieter Betz, op.cit., 189와 Richard N. Longenecker, *Galatians*. Word Biblical Commentary (Dallas: Word Books Publisher, 1990), 159를 참조하라.
93) Hans Dieter Betz, op.cit., 189.

를 통해서 갈라디아서 3장28절의 유대인과 헬라인이 하나가 되었다는 선언은 그리스도교 공동체의 세례 의식의 결과로 인종적, 문화적, 사회적 차이와 다름을 지닌 구성원들이 신앙고백의 대상인 그리스도 예수 안에서 하나와 일치되었음을 확증하는 것이라고 할 수 있다.

이와 같은 인종적, 문화적, 사회적 차이와 차별을 넘어서서 하나 됨과 일치를 주장하는 그리스도교 공동체의 신앙 전승은 한국사회에 거주하는 북한이탈주민에게 동일하게 적용할 수 있어야만 한다. 한국교회가 북한이탈주민과 같은 사회적 약자와 소외계층에 대한 관심과 애정을 적극적으로 실천하는 중요한 방법은 바로 북한이탈주민이 인종적, 문화적 그리고 사회적 가치를 넘어서는 하나님 안에서 일치와 하나 됨을 위한 존재라고 인식을 전환하는 것이다.

둘째로, 갈라디아서 3장28절은 차별과 불평등의 해소와 폐지와 관련된 구절로 해석될 수 있다. 그리스도교 복음이 차별, 억압 그리고 불평등에 대한 자유와 관련되었음을 선언하는 서신이 갈라디아서라는 것을 인식한다면 차별과 불평등의 폐지 선언은 당연한 것이다. 한센(G. Walter Hansen)이 지적하는 것처럼 "그리스도 안에서 평등과 일치는 복음의 부수적인 가치, 곁가지 또는 선택적 적용이 아니다. 그것들은 복음의 본질의 한 부분"[94]인 것이다. 차별과 불평등의 모든 장벽은 그리스도 예수에 대한 믿음과 신앙 안에서 폐지되고 해소되어야만 하는 것이다. 인종적, 경제적 혹은 사회 문화적 차별과 장벽을 무너뜨리고 평등과 일치를 이루는 것이 그리스도교 복음의 본질이라는 지적을 인식하게 된다면 유대인과 헬라인의 구분과 차이를 넘어서는 선언의 의미를 되새겨 볼 수 있다. 문화적, 인종적 그리고 경제적 차이와

---

94) G. Walter Hansen, *Galatians*. The IVP New Testament Commentary (Leicester: InterVarsity Press, 1994), 112.

차별의 폐지 선언은 가히 혁명적인 의미를 지닌다고 지적하는 베츠의 시각은 중요하다:

> 바울의 진술들이 심지어는 혁명적 차원의 사회적, 정치적 요인을 함축하고 있다는 것은 의심할 바 없다. 그 주장은 고대세계의 아주 오래되고 압도적인 이상과 희망이 그리스도교 공동체에서 실제로 이루어졌다는 것이다. 이러한 이상들은 유대인과 헬라인, 종과 자유인, 남자와 여자 사이의 종교적, 사회적 차별의 폐지를 포함한다. 이러한 사회적 변화들은 구속 과정의 일부로, 그리고 다른 그리스도인들과 마찬가지로 갈라디아 사람들이 가졌던 희열에 넘친 경험의 결과로 주장된다. [95]

인종적, 문화적, 신분적 차이와 차별을 폐지하는 사회나 집단을 형성하는 것은 놀라운 일이 아닐 수 없다. 갈라디아 그리스도교 공동체는 차별과 불평등을 폐지하고 새로운 공동체를 형성하는 기틀을 신앙 안에서 가질 수 있었다. 차별과 불평등을 폐지하는 것이 새로운 신앙적 공동체를 형성하려는 갈라디아 신앙 공동체의 중요한 가치였다면 한국사회와 한국교회의 선교방식에도 그대로 적용 가능한 것이어야 할 것이다. 한국사회에 거주하는 북한이탈주민의 상당수가 편견이나 차별을 경험하는 현실에서 차별과 불평등의 폐지와 해소를 주장하는 갈라디아서 3장28절의 올바른 가치를 설명할 수 없다. 차별과 불평등의 해소와 폐지의 선언은 한국사회에 거주하며 공존에 힘쓰고 있는 북한이탈주민에게 선언되어야 할 것이다. 한국교회는 북한이탈주민이 그리스도 예수 안에서 문화적, 사회적, 이념적 차이를 넘어서 어떤 종류의 차별과 불평등으로부터 자유로운 존재라는 사실을 선언하는 것으로부터 북한이탈주민 선교를 시작해야 할 것이다.

---

[95] Hans Dieter Betz, op.cit., 190.

셋째로, 갈라디아서 3장28절은 새로운 결속이나 새로운 관계 형성으로 해석되기도 한다. 그리스도교 의식을 통해 그리스도교 공동체의 새로운 구성원이 되었다면 더 이상 문화적, 인종적 그리고 사회적 차이나 차별로 인한 불평등이 존재하지 않으며 차이와 간극을 넘어서는 "사회적이며 문화적으로 새로운 관계들"[96]을 형성하게 되는 것이다. 새로운 관계를 형성하는 것은 곧 "그리스도 안에서 만들어진 새로운 창조"[97]를 의미하며, 그리스도교 구성원은 "삶의 새로운 유형이 이제 요청"[98]된다고 할 수 있다. 새로운 결속이나 새로운 관계를 형성한 그리스도교 공동체 구성원은 더 이상 옛 신분의 차별이나 구별에 영향을 받지 않는다는 것을 선언하는 것이다.

> 바울이 활동하던 시기의 세계에 있어서 그 구분(유대인과 헬라인)은 고질적이었다. 그것을 극복하는 것은 그리스도교의 경이로움 가운데 하나였다. 바울은 희망을 표현하는 것이 아니라 사실을 말하는 것이다. …그리스도 안에서 유럽인도, 아시아인도, 아프리카인도 또는 중국인 또는 다른 인종 그룹들도 없다. 그리스도 안에서 인종, 문화 그리고 전통을 뛰어넘는 새로운 결속이 있다.[99]

문화적, 사회 경제적 그리고 종교적 차이와 차별을 넘어서 그리스도 예수 안에서 하나가 되고 새로운 관계를 형성하는 선언은 놀라운 것이다. 그리스도 안에서의 새로운 신분과 관계의 형성은 구호와 선언으로 실현되는 것이 아니다. 초기 그리스도교 공동체 안에서 새로운 신분과

---

96) Richard N. Longenecker, op.cit., 159.
97) Frank J. Matera, *Galatians*. Sacra Pagina Series (Collegeville: The Liturgical Press, 1992), 146.
98) Timothy Geroge, *Galatians*. The New American Commentary (Nashville: Broadman & Holman Publisher, 1994), 292.
99) Donald Guthrie, *Galatians*. New Century Bible Commentary (Grand Rapids: WM.B. Eerdmans Publ. Co., 1981), 110.

위상을 위해서 갈등과 위기를 넘어서 새로운 정체성 형성을 위해서 조정하고 통합하는 노력을 시도했던 것처럼 한국사회에 거주하는 북한이탈주민의 신분과 관계를 위한 보다 세밀한 접근이 요청된다.

한국사회에 공존하는 북한이탈주민은 아직도 차별과 편견 혹은 문화적 차이나 충격에서 자유롭지 못한 것이 현실이다. 한국교회와 그리스도교 또한 북한이탈주민의 신분이나 위상 혹은 역할에 있어서 공통적 견해를 제시하지 못하고 있다. 북한이탈주민의 선교와 관련해서 성서적 전거를 통해서 발견할 수 있는 중요한 교훈은 차별이나 차이 그리고 불평등을 넘어서서 그리스도 예수 안에서 하나의 공동체를 위한 새로운 결속과 관계를 형성한 존재라는 시각이 필요하다는 것이다. 새로운 정체성 혹은 대안적 정체성은 결국 북한이탈주민의 신분과 상황 그리고 미래적 역할을 고려해서 제시할 수 있는데 그 대안의 하나로 "혼종적 정체성"을 제안해 볼 수 있다.

4. 혼종적 정체성과 북한이탈주민 선교

다양한 이유와 상황으로 남한사회에 입국한 북한이탈주민은 정도의 차이가 있지만 문화적, 경제적, 사회적 차이와 구조를 통한 정체성의 혼란과 위기를 경험하고 새로운 환경과 조건에서 적응하는 어려움을 경험하게 된다는 사실을 앞의 논의에서 간략하게 고찰했다. 서로 다른 문화와 환경을 가진 사람이나 집단은 일방적인 영향을 주는 것이 아니라 상호연관성을 지니고 있다는 사실을 인지한다면 북한이탈주민의 정체성은 남한사회와 북한사회에서 경험하는 정체성과는 다른 새로운 정체성을 지니게 될 것을 추정하는 것은 어렵지 않다. 갈라디아서를 고찰하면서 유대인과 헬라인의 구분 혹은 차별이나 불평등을 폐지하고 해소하려는 그리스도교 공동체의 노력을 통해서 그리스도 안에서 획득하게 될 새로운 정체성이 '혼종적 정체성(hybrid identity)'의 형태로 형성될 것을 제안해 볼 수 있다. '혼종적 정체성'에 대한 논의와 함께 북한이탈주민의 역할과 위상을 고찰하고 북한이탈주민 선교의 성서적 전거를 제시하고 한다.

첫째로 북한이탈주민이 갖는 정체성은 이중적 존재 또는 영구적 타자로 자신을 체험하게 된다는 사실이다. 정체성의 논의는 앞에서 살펴본 것처럼 획일적이거나 보편타당한 객관적 형태로 나타나는 것이 아니라 상황과 형편에 따라 변화 가능한 용어이기 때문에 남한사회에 입국한 북한이탈주민의 정체성에 많은 변화가 일어나는 동시에 새로운 정체성을 형성하기 위한 노력이 동시적으로 발생하는 것을 알 수 있다. 에드워드 사이드(Edward W. Said)가 주장하는 것처럼 "어떤 정체성도 혼자서 존재하거나 대립, 부정, 반대의 배열없이 존재할 수 없기 때문"[100]에 이전의 문화와 사고방식과 전혀 다른 새로운 환경에 놓이게 될 때 경험하는 정체성의 혼란은 새로운 대안적 정체성의 형성과 관련이 있게 된다. 정체성의 혼란과 위기를 경험하는 주된 이유는 바로 자신을 "이중적 존재"[101]로 발견하기 때문이다. '이중적 존재'란 둘 혹은 그 이상의 전혀 다른 문화와 상황에서 어떤 곳에서 자신을 발견할 수 없는 전적인 타자로 규정하는 사람들이 경험하는 정체성의 전형적인 유형이라고 말할 수 있다. 페르난도 세고비아(Fernando F. Segovia)는 자신의 해석학적 방법을 '디아스포라 해석학'이라고 명명

---

100) Edward W. Said, *Culture and Imperialism* (London: Vintage, 1993), 60.

101) Fernando F. Segovia, "Toward a Hermeneutics of the Diaspora: A Hermeneutics of Otherness and Engagement", Fernando F. Segovia and Mary Ann Tolbert (eds.), *Reading from this Place: Social Location and Biblical Interpretation in the United States*. Vol.1 (Minneapolis: Fortress Press, 1995), 62.

하고 영구적인 타자와 관련된 정체성을 설명하고 있다. 자신이 원래 살았던 곳을 떠나서 새로운 환경에 적응하며 살고 있는 사람들에 대한 설명으로 매우 유용한 주장을 찾아볼 수 있다. :

> 우리는 우리가 왔던 곳으로부터와 우리 자신을 발견하는 곳 모두에서 항상 이방인 또는 외국인, 영구적인 타자이다. 그 자체로 우리는 항상 우리가 떠났던 곳의 사람들에 의해서 우리의 전통적 세계 속에서 그리고 우리가 함께 살고 있는 사람들에 의해서 우리의 현재 세계 속에서 누군가에 의해서 정의되어지는 우리 자신을 발견한다.[102]

남한사회에 입국한 북한이탈주민은 유사한 정체성을 지니고 있을 것으로 추정한다. 이중적 존재 혹은 영구적 타자로서 자신을 발견한다는 것은 북한이탈주민이 남한사회와 북한사회를 넘어서는 새로운 정체성을 필요로 한다는 것이다. 또한 통일 후의 남과 북의 사회 통합을 위한 대안적 정체성을 제안할 수 있는 긍정적 효과도 얻을 수 있다. 다시 말해서 새로운 정체성이란 이전의 틀과 구조를 넘어설 뿐 아니라 하나의 사회에 국한되는 범주와 개념을 넘어서는 새로운 유형으로 거듭나는 것을 뜻하는 것이다.[103] 그렇다면 어떻게 이렇게 대안적 정체성 혹은 복합적인 새로운 정체성을 상정할 수 있을 것인가? 그 대안의 하나가 바로 사이드(Said)가 주창하는 "대위법적 조화물(contrapuntal ensembles)"[104]이란 개념으로 설명할 수 있다. 대위법이란 일정한 기법에 따라 2개 이상의 선율을 결합하는 음악 용어로 사이드(Said)는 이 용어를 통해서 서로 다른 두 개의 집단이나 사회가 하나

---

102) Ibid., 64.
103) R. S. Sugirtharajah, *Asian Biblical Hermeneutics and Postcolonialism: Contesting the Interpretations* (Maryknoll: Orbis Books, 1998), 17.
104) Edward W. Said, op.cit., 60.

의 화음을 이루듯 공존할 수 있는 통합적 개념으로 사용하고 있다. 서구와 비서구 또는 서양과 동양과 같은 문화와 사고방식이 전혀 다른 세계가 하나의 조화와 일치를 이루며 서로의 존재를 인정하는 태도를 설명하는데 사용했던 '대위법적 조화물'이란 용어는 동일하게 남한사회에 거주하는 북한이탈주민에게 적용할 수 있다.

둘째로 북한이탈주민의 정체성은 '혼종성(hybridity)'과 관련이 있다고 상정해 볼 수 있다. 혼종성 혹은 혼종적 정체성이란 용어를 통해서 북한이탈주민의 정체성을 설명할 때 우선 염두에 두어야 할 것은 "상호의존성"[105]이라고 말할 수 있다. 탈식민지 작업과 관련해서 호미 바바(Homi K. Bhabha)가 주창한 '혼종성'이란 용어는 문화적, 언어적, 정치적 상호의존과 상호영향에 대한 주장을 통해서 우월적 사회와 열등한 사회, 지배적 국가와 피지배 국가, 식민지와 피식민지 사람들에 대한 상호연관성에 초점을 두고 있는 개념이다. 혼종성에 대한 정의는 이와 같은 접촉과 상호의존성을 보다 구체적으로 설명할 수 있다.

> 탈식민주의 이론 속에서 가장 넓게 채택되고 논쟁되는 용어들 가운데 하나인 혼종성은 공통적으로 식민지화에 의해서 생산된 접촉 지역 내에서 새로운 통문화적 형식들의 지원을 언급한다. 원예학에서 사용되는 것처럼, 그 개념은 제3의 '혼종적' 종을 형성하기 위해서 접목 또는 수분(분갈이)에 의해서 두 가지 종의 교배를 언급한다. 혼종화는 언어학적 문화적 정치적 인종적 등등 많은 형태를 갖는다.[106]

서로 다른 두 문화와 사회에 살고 있는 사람들의 접촉은 새로운 형태의 정체성을 형성하게 만들고 상호의존하며 상호영향을 끼친다는

---

105) Bill, Ashcroft, Gareth Griffiths and Helen Tiffin, *Key Concepts in Post-colonial Studies* (London: Routledge, 1998), 118.
106) Bill Ashcroft (et.al), op.cit., 118.

바바(Bhabha)의 지적은 매우 유용한 해석학적 관점을 제공한다. 특별히 바바(Bhabha)의 주장은 차별과 지배라는 억압적 상황과 구조에서 일어나는 "변형과 전치"[107]를 상정하게 된다. 결국 '변형과 전치' 또는 '혼종성'이란 개념은 "종종 흑인/백인, 자아/타자로 구성된 차이의 정체성을 통한 이항 대립적 논리"[108]를 해체시키고 문화적 혼종성을 통한 혼종적 정체성을 가능하게 만들어 준다. 다시 말해서 혼종화 된 정체성은 필수적인 것이며 단일하고 안정된 문화라는 것이 존재하지 않는다는 사실을 강조하는 것이다.[109] 북한이탈주민의 정체성과 관련해서 논의해 볼 때 남한사회와 북한사회의 문화와 사고방식을 뛰어넘는 새로운 형태의 정체성을 '혼종적 정체성'이라 부를 수 있으며 북한이탈주민에게 있어서 이와 같은 혼종적 정체성은 변형과 전치의 과정을 통해서 새롭게 형성될 수 있다고 할 수 있다. 혼종적 정체성을 지닌 북한이탈주민은 남한사회와 북한사회의 경계인 혹은 이중적 존재로 살아가게 되지만 남한사회와 북한사회가 이전에 경험하지 못한 대안적 정체성을 형성하고 소유하고 있다는 측면에서 특별한 의미를 부여할 수 있을 것이다. 혼종적 정체성을 지니고 있는 북한이탈주민을 위해서 한국사회와 한국교회는 남한사회의 문화와 사고방식을 강요하고 주입하는 태도를 버리고 통일 후에 남과 북의 사회통합의 선험적 존재로서 인식하고 자격을 부여할 필요가 있는 것이다.

셋째로 혼종적 정체성 혹은 이중적 존재로서 발견되는 북한이탈주민을 위한 적절한 신분과 역할을 발견하고 효과적인 북한이탈주민 선교를 위한 대안을 찾아 볼 필요가 있다. 북한이탈주민 가운데 상당수

---

107) Homi K. Bhabha, *The Location of Culture* (London: Routhledge, 1994), 112.
108) Homi K. Bhabha, op.cit., 4.
109) Mark G. Brett(ed), *Ethnicity and the Bible* (Leiden: E. J. Brill, 1996), 220.

가 그리스도교 신앙을 지니고 있다.110) 그럼에도 불구하고 북한이탈주민이 한국교회에 적응하면서 긍정적인 효과보다 부정적인 시각을 갖는 것에 대해서 반성적으로 고찰해 볼 필요가 있다. 앞서도 언급했던 것처럼 북한이탈주민은 남한사회의 구성원도, 북한사회의 문화와 사고방식을 고수할 수도 없는 '이중적 존재'라는 인식을 가질 필요가 있음에도 불구하고 여전히 한국교회는 자신의 습관적인 선교방식으로 그들을 대하고 있음을 반성해야 할 것이다. 북한이탈주민의 선교와 관련해서 이만식은 다음과 같이 주장한다:

> 탈북자가 교회에 다닐수록 교회에 대하여 부정적인 것은 탈북자들이 너무 이상적이고 환상적인 교회상을 가지고 있기 때문이기도 하지만, 교회가 교회답지 못한 것이 더 큰 이유이다. 여러 교단 교파로 분열되어 경쟁과 갈등을 하고, 돈으로 선교를 하고, 진정으로 가족과 같이 사랑하지 않고, 탈북자를 단순히 선교의 대상화로만 인식하기 때문이다. 교회가 본질에 충실하며 세상의 어떤 기관이나 단체와 다른 하나님의 선교의 도구로서 거듭나서 탈북자들에게 좋은 이미지를 심어주고, 십자가를 지는 그리스도인으로 신앙 양육을 하면, 통일 후 북한 주민의 복음화에 지대한 기여를 할 것이다.111)

북한이탈주민 선교와 관련해서 한국교회는 이상적인 교회의 모습을 실천하고 있지 않다는 자성과 함께 북한이탈주민의 정체성을 고려한 맞춤 선교의 필요성을 다시 인식하게 된다. 이와 함께 정종훈이 지적하는 것처럼 북한이탈주민을 선교의 대상을 삼는 것을 넘어서 제도와 정책에 구체적으로 참여하는 대안적 선교의 실천이 요청된다고 하겠

---

110) 이만식, "북한이탈주민의 교회에 대한 태도를 통한 이해", 대한예수교장로회 총회 국내선교부 편, 「북한이탈주민선교와 생명살리기」(2005), 36-72을 참조하라.
111) 이만식, op.cit., 57.

다.[112] 뿐만 아니라 보다 효과적인 선교와 관심을 위해서는 북한이탈주민을 향한 시각과 관점의 전환이 요청된다. 윤인진이 올바로 제안하는 것처럼 북한이탈주민은 '남북통일을 준비하고 통일 후 남북한 주민 간의 사회문화적 통합을 이끌 사람들'이라는 새로운 신분과 자격을 부여하고 더불어 선교의 주체로서 인식하는 태도가 필요하다고 하겠다. 북한이탈주민은 한국사회에서 새로운 정체성을 경험하는 이중적 존재이며 '혼종적 정체성'을 지닌 존재라는 특수성을 인식하면서 함께 보조를 맞출 수 있는 선교적 태도가 북한이탈주민 선교의 토대가 되어야 할 것이다.

> 통일 후 남북한 주민간의 사회통합은 이인삼각 경기로 비유될 수 있다. 두 사람은 공동운명체로서 함께 목표를 향해 달려가야 한다. 이때 어느 한쪽이 보조를 맞추지 못하면 다른 한쪽에게 짐만 되고 결국 양쪽 모두 경주에서 낙오하게 된다. 따라서 양쪽 모두 주체적이고 능동적인 참여자가 되어야 하고 협력관계를 맺어야 한다. 같은 이치로 통일 후 남북한 사회통합과정에서 북한 출신 주민들의 자발적 참여와 능동성이 보장되어야 한다.[113]

'이인삼각 경기'로 남한사회에 거주하는 북한이탈주민을 인식하는 것은 매우 타당하다. 새로운 혼종적 정체성을 지닌 존재로 살아가는 북한이탈주민과 함께 능동적 협력관계를 형성하며 통일 후의 남북한 사회와 북한선교를 인식한다면 보다 새로운 시각의 북한이탈주민 선교가 가능할 수 있을 것이다.

---

112) 정종훈, op.cit., 12.
113) 윤인진, op.cit., 19

5. 결론

북한이탈주민 선교는 우선적으로 북한이탈주민이 남한 사회에서 가지고 있는 정체성을 정의하는 것에서 시작할 수 있다. 남한사회와 북한사회를 모두 경험한 북한이탈주민이 남한사회에서 경험하게 될 문화적 차이와 충격으로 새롭게 형성되는 대안적 정체성은 통일 이후 남북한 사회와 사람들을 통합하고 화합시킬 수 있는 중요한 개념이 될 것이다. 남한사회에 입국하여 아직도 적응하고 있는 수많은 북한이탈주민이 혼종적 정체성을 지니며 살고 있는 이중적 존재라는 인식은 북한이탈주민 선교와 북한선교를 위한 매우 유용한 시각과 관점을 제공하게 될 것이다. '이중적 존재' 혹은 '혼종적 정체성'을 지니고 살아가는 북한이탈주민은 초기 그리스도교 공동체에서 정체성의 문제로 위기와 갈등을 경험했던 갈라디아 그리스도교 신앙 공동체의 구성원들의 현존을 통해서 대안적 시각을 발견해 볼 수 있다. 갈라디아 그리스도교 공동체 구성원은 유대인의 신분적 표시인 할례나 율법의 실천 여부와 관계없이 그리스도인이라는 새로운 신분과 위상을 부여받았지만 유대인의 신앙적 관습이나 전승의 유지 혹은 폐지의 문제가 그리스도교 공동체 구성원의 정체성의 갈등의 요인이 되었던 것을 알 수 있다. 갈라디아 그리스도교 공동체 구성원들은 '유대인과 헬라인'의 인종적, 문화적, 신분적 차별과 불평등을 넘어설 수 있는 중요한 신앙적 근거로 '그리스도 안에서의 하나 됨과 일치'(갈3:28)를 강조했던 것을 알 수 있다. 이제 한국사회에서 공존하고 있는 북한이탈주민을 위한 선교는 또한 갈라디아서 3장28절의 정체성의 위기와 갈등에서 새로운 정체성을 형성했던 교훈을 얻어야 할 것이다. 지배이며 주도적인 태도를 넘어서서 '그리스도 안에서' 형성된 새로운 정체성으로 모든 차별과 불평등을 폐지하려는 교훈을 북한이탈주민 선교에 적용해야 할 것이다. 그리스도 안에서 소유하게 되는 '그리스도인'이라는 새로운 정체성이라는 성서적 전거를 통해서 북한이탈주민이 한국사회에서 '혼종적 정체성'을 형성하며 적응하고 공존할 뿐만 아니라 통일 이후의 남북한 사회와 사람들의 통합과 조화를 위한 주체로 참여할 수 있는 선교적 역량을 결집할 수 있도록 도울 필요가 있다고 하겠다.

제5장
인종적 정체성과 사도행전의 포스트콜로니얼 성서 읽기

제5장
인종적 정체성과
사도행전의 포스트콜로니얼 성서 읽기

1. 문제제기

　누가-행전의 저자는 유대인과 이방인의 현존과 관련해서 정체성이라는 중요한 문제에 직면해 있고 그 해결책으로 새로운 혼종적 정체성을 제안하고 있다고 할 수 있다.[114] 이제 인종적 정체성 주제에 대한 구체적인 논의를 위하여 사도행전에 등장하는 두 명의 이방 그리스도인 개종자와 관련된 논의를 살펴보고자 한다. 이와 같은 논의를 통해서 인종적 편견이나 차별 혹은 이데올로기적 편향성이 성서 읽기와 해석에 어떤 영향을 끼칠 수 있는가를 살펴보고자 한다. 먼저 포스트콜로니얼 성서 읽기에 대한 간략한 고찰 후에 사도행전의 이방 그리스도인 개종자에 관한 논의를 살펴보고자 한다.

2. 포스트콜로니얼 성서 읽기

　사도행전에 묘사된 다양한 인종적 배경에 대해 서구의 누가 연구자들의 인종적 편견은 인종차별과 유럽중심주의적 해석의 폐단을 추정하게 한다. 특히 에디오피아 내시와 관련된 단락에 대한 서구중심적인

---

[114] 유대인과 이방인의 정체성을 위한 새로운 혼종적 정체성에 관해서는 앞의 글 "인종적 정체성과 성서 해석"을 참조하라.

성서학자들의 견해는 인종적 무시와 차별 그리고 유럽중심적인 해석의 틀을 제공한 결과로 식민지적 가설과 의도를 정당화 하고 합법화하는 해석학적인 근거를 제공할 수 있다는 것을 지적할 필요가 있다. 인종적 우월성과 인종적 열등, 문명과 야만과 같은 이항 대립의 논리는 식민지적 담론을 강화시키는 중요한 요소 가운데 하나라고 할 수 있다. 식민지적 담론이 사도행전의 유대인과 이방인의 현존에 대한 해석에서 분명히 나타나지 않는다고 할지라도 인종적 정체성과 관련된 사도행전의 텍스트를 포스트콜로니얼 시각을 통해서 다시 읽게 되면 그 배후에 흐르는 유럽중심적인 해석학적 입장들을 발견할 수 있게 된다. 세고비아(Fernando F. Segovia)는 다음과 같이 주장한다:

> 식민지적 담론과 실천은 크게 이항 대립을 통해서 기능 한다: 수많은 다른 대립들, 즉 우월/열등, 문명/야만, 진보/원시와 같은 것을 야기하고 지지하는 중심/주변의 기본적 대립 – 즉 결국에 서구/나머지(비서구)의 전통적인 지리 정치적 대립에서 모든 것이 합체되는 중심/주변의 기본적 대립을 통해서 기능 한다.[115]

식민지적인 이항 대립 담론은 서구가 동양을 동반자로서 인정하는 것이 아니라 오히려 지배의 대상으로 여기는 지배 담론과 지접적으로 연관된다. 이와 같은 식민지적 담론이 서구중심적인 해석학적 흐름과 맥을 같이 하게 되면 그와 관련된 성서 읽기와 해석은 유럽중심적인 해석학적 억압과 배타성이 존재할 수 있는 가능성이 있다는 것을 인식할 필요가 있다. 유럽중심주의(Eurocentrism)에 대해서 사이드(Edward W. Said)는 다음과 같이 주장한다:

---

[115] Fernando F. Segovia, "Racial and Ethnic Minorities in Biblical Studies", Mark G. Brett(ed), *Ethnicity and the Bible* (Leiden: E. J. Brill, 1996), 485.

유럽중심 문화는 비유럽 세계나 주변부 세계에 대한 모든 것을 가차 없이 분류하고 관찰했으며 그리고 너무나 철저히 세부사항까지 그 영향력을 미쳐서 어떤 항목도 취급되지 않는 것이 없었고 어떤 문화도 연구되지 않는 것이 없었다. 그래서 어떤 민족도 장소도 소유권이 주장되지 않는 것이 없을 정도였다.[116]

이와 같은 유럽중심적인 시각은 성서 해석에 있어서도 예외일 수 없다. 성서 해석과 관련된 유럽중심적인 해석학적 권위는 성서 안에서 수없이 등장하고 있는 비유럽적 요소를 폄하하고 무시하는 결과를 가지고 올 수 있다고 할 수 있다. 왜냐하면 유럽중심주의는 인종중심주의와 밀접한 관련이 있기 때문이다. 유럽중심적이고 인종중심적인 경향을 가진 성서 읽기와 해석을 폭로하는 동시에 다양한 문화적이고 사회적 입장을 존중하는 대위법적 읽기와 해석의 관점을 제안할 필요가 있다. 이와 같은 해석학적 접근 가운데 하나가 바로 포스트콜로니얼 성서 읽기라고 할 수 있다. 세고비아(Segovia)는 다음과 같이 포스트콜로니얼 시각에 대해서 서술한다:

> 성서 연구에서 제안된 포스트콜로니얼 시각은 분명히 저항과 해방의 담론이다. … 그것(포스트콜로니얼 시각)은 그것이 중심보다 주변을, 제국주의적인 것보다 식민지적인 것을 계속해서 강조하는 것처럼 탈식민화와 해방을 염두에 두고 행한다. 결과적으로 성서연구에 저항과 해방의 다른 담론들과의 관계에 대한 질문은 - 사회 경제적 또는 여성해방 비평과 같은 - 대립적 읽기의 집단적 실천의 희망을 염두에 두고서 항상 제기되는 불가피하고 다양한 것이다.[117]

---

116) Edward W. Said, *Culture and Imperialism* (London: Vintage, 1993), 267-268.
117) Fernando F. Segovia, "Note Toward Refining the Postcolonial Optic", *Journal for the Study of the New Testament* 10(1999), 111.

누가-행전의 유대인과 이방인의 정체성 주제와 관련해서 누가 연구자들의 해석과 재현은 두 가지의 해석학적 흐름이 있다. 한편 서구중심적인 시각을 통해서 타자로서의 동양을 바라보려는 시각과 다른 한편 인종중심적인 해석학적 권위를 전복하고자 시도하는 해방적 읽기와 관점이 있다. 유럽중심적인 해석학적 시각이 식민주의와 제국주의적 가설과 의도를 정당화하는 도구로 사용되어지는 것을 지적하는 새로운 해석학적 읽기가 바로 포스트콜로니얼 읽기 실천이라고 할 수 있다. 아쉬크로프트(Bill Ashcroft et. al)가 주장하는 것처럼, "언어학적 측면뿐만 아니라 철학적 측면 혹은 문학 이론적 측면에서도 포스트콜로니얼 이론은 기득권을 누리고 있는 유럽 이론의 일반적 가설을 반성하고 전복적으로 해체"[118]하는 것이라 할 수 있다. 인종적 정체성과 관련하여 포스트콜로니얼 이론을 성서 연구에 적용할 때 "포스트콜로니얼 성서 읽기는 전통적이고 근본적 유럽중심적인 정신적 지주와 경계들을 계속해서 깨드리는 것"[119]과 깊은 연관성을 갖는다. 유대인과 이방인의 '정체성' 주제와 관련된 사도행전의 텍스트를 포스트콜로니얼·시각으로 다시 읽고 재구성할 때, 누가-행전 저자와 누가 연구자들이 담지하고 있는 이데올로기적 시각과 입장을 분석하고 재해석할 수 있는 길을 발견하게 된다.

---

[118] Bill Ashcroft, Gareth Griffiths and Helen Tiffin, *The Empire Writes Back: Theory and Practices in Post-colonial Literatures* (London: Routledge, 1989), 154.

[119] Fernando F. Segovia, "Toward a Hermeneutics of the Diaspora: A Hermeneutics of Otherness and Engagement", Fernando F. Segovia and Mary Ann Tolbert (eds.), *Reading from this Place: Social Location and Biblical Interpretation in the United States*. Vol.1 (Minneapolis: Fortress Press, 1995), 59.

3. 첫 이방 그리스도인 논의와 포스트콜로니얼 읽기 실천

포스트콜로니얼 읽기 실천의 중요한 과제 가운데 하나는 유럽중심적인 해석학적 시각을 비판적으로 평가하고, 그와 같은 해석학적 실천에 의해서 원천적으로 봉합되어진 목소리를 담론의 전면에 부각시키는 시도라고 할 수 있다. 포스트콜로니얼 읽기 실천을 통한 성서 해석의 한 예로 사도행전에서 소개하는 첫 이방 그리스도인 개종자에 대한 논의를 살펴볼 필요가 있다. 사도행전의 첫 이방 그리스도인 개종자와 관련된 논의는 두 가지의 해석학적 흐름이 존재한다고 할 수 있는데 하나는 유럽중심적인 혹은 인종중심적인 해석학적 흐름이고 다른 하나는 그와 같은 해석학적 입장에 저항하는 해방적인 해석학적 흐름이라고 할 수 있다. 유럽중심적인 혹은 인종중심적인 해석학적 입장이 획일적이고 보편적 정체성을 상정하고 있는 것과는 달리 해방적 해석학적 입장은 다양하고 다중적인 정체성을 제안하고 있다고 할 수 있다. 이와 같은 해석학적 입장과 흐름을 사도행전의 첫 이방인 그리스도인에 대한 논의와 관련해서 고찰하고자 한다.

우선 사도행전에서 묘사되는 첫 이방 그리스도인에 대한 논의는 서로 다른 두 가지의 전승들이 긴장 관계에 있다는 것을 살펴보는 것에서 시작한다. 이와 같은 두 전승의 긴장을 추정할 수 있는 근본적 동기는 이방 선교의 시작과 관련된 주된 주제에서 시작된다. 다시 말해서 사도행전의 첫 이방 선교의 출발점을 열 두 사도의 하나인 베드로 인해서 비롯되었다고 주장하는 동시에 그 복음의 수혜자가 백인 로마 백부장인 고넬료라는 것을 주장한다는 논의를 통해서 인종중심적인 성서 읽기와 해석의 단초를 마련하고 있다는 것이다. 사도행전에 등장하는 로마 백부장 고넬료와 에디오피아 내시가 인종적 다양성을 제시하는 등장인물이라는 것을 지적할 필요가 있다. 이와 같은 다양한 인종적 배경은 다양한 문화와 인종을 가진 이방 그리스도인의 현존을 소개하는 것이며 그 결과로 사도행전에서 유대인과 이방인 또는 유대 그리스도인과 이방 그리스도인 사이의 자기인식과 관련된 정체성의 주제를 함축하고 있다고 추정할 수 있다. 인종적 정체성과 관련된 사도행전의 두 가지의 전승의 갈등에 대해서 마틴(Clarice J. Martin)은 다음과 같이 주장한다:

> 여성해방의 해석학은 에디오피아인의 개종 대 고넬료의 개종 이야기에 대한 사도행전의 서술 속의 긴장을 지적한다. 대다수의 주석가들은 고넬료의 이야기가 사도행전 속에 첫 이방 그리스도인의 이야기를 재현한다고 주장하지만, 동일한 주석가들의 상당수는 에디오피아인 내시가 이방인이었다는 의견 일치에 동의한다. 에디오피아인의 이야기는 사도행전의 서술 구조에서 첫 이방 그리스도인으로서 그를 만들고 있는 사도행전 8:26-40에서 들려진다. 어떤 주석가들은 에디오피아인 내시 전승이 헬라 배경을 지닌 사람들의 선교에 관한 이야기 가운데서 나타났기 때문에 에디오피아인의 개종은 헬라적 배경을 지닌 집단들 내의 첫 이방 그리스도인의 이야기를 나타낸다고 지적한다. 그 이야기는 아마도 누가가 보다 더 서술적 공간을 헌신하는 열 두 사도의 하나가 결정적 역할을 수행했던 고넬료 이야기의 첫 이방 그리스도인의 이야기에 대한 병행으로서 또는 아마도 경쟁으로서 기능한다.[120]

이와 같은 두 전승의 현존에 관한 주장에도 불구하고 대부분의 누가 연구자들은 이방인 첫 그리스도인은 베드로를 통해서 개종한 로마 백부장 고넬료라고 주장한다. 대부분의 누가 연구자들이 흑인 에디오피아 내시의 현존을 간과하면서까지 로마 백부장 고넬료를 사도행전의 첫 이

---

[120] Clarice J. Martin, "The Acts of the Apostles", Elisabeth Schüssler-Fiorenza (ed.), *Searching the Scriptures: A Feminist Commentary* (London: SCM Press, 1995), 793-794.

방 그리스도인 개종자라고 주장하는지를 살펴볼 필요가 있다. 이와 같은 주장의 근저에는 분명히 유럽중심적인 시각을 포함하는 인종적 편견이 내포되어 있다고 추정해 볼 수 있다. 인종적 편견과 차별의 해석학적 시각의 출발점은 흑인에 대한 인종적 혐오와 함께 백인을 대표하는 서구에 대한 우월이라는 식민지적 이항 대립의 담론을 정당화 하거나 합법화 하려는 해석학적 시도가 있다는 것을 지적할 필요가 있다.

대부분의 누가-행전의 연구자들은 로마 백부장 고넬료가 이방인이라는 사실에 동의하는 동시에 그들의 대부분은 고넬료가 사도행전에서 묘사되는 첫 이방 그리스도인 개종자라고 주장한다. 헨첸(Ernst Haenchen)은 그리스도인이 된 첫 이방인은 "로마 시민이며 로마 장교"[121]라고 주장하면서 그는 첫 이방 그리스도인이 로마인(유럽인)이라는 것을 명백하게 선언하고 있다. 이와 같은 헨첸(Haenchen)의 주장의 근저에는 로마인(유럽인)이 첫 이방 그리스도인 개종자로서의 자격이 있다고 주장하는 것과 다름이 아니다. 다른 인종(흑인이든 아시아인이든지 간에)은 첫 이방 그리스도인으로서의 자격이 없다고 제한하지 않을지라도 첫 이방 그리스도인 개종자로서 유럽인을 대표하는 로마인이 자격이 있다고 주장하려는 의도를 통해서 그의 유럽중심적인 또는 서구중심적인 해석학적 시각을 발견할 수 있다. 샌더스(Jack T. Sanders) 또한 "고넬료가 최초의 진실한 이방인(유대 개종자가 아니라)으로 그리스도교에 개종한 것"[122]이라고 주장한다. 이처럼 첫 이방인 그리스도인으로서 주장되는 고넬료는 이방인을 위한 모델과 원형으로서 제안된다:

---

121) Ernst Haenchen, *The Acts of the Apostles* (London: Hodder & Stoughton, 1971), 360.
122) Jack T. Sanders, *The Jews in Luke-Acts* (London: SCM Press, 1987), 257-258.

> 교회의 첫 번째 이방인은 유대인에 의해서 추천되어졌다. 누가에 있어서 고넬료는 그리스도인이 되는 첫 번째 이방인이라는 것보다 더 큰 의미가 있다. 그는 교회의 구성원이 되기를 원하는 모든 비유대인들을 위한 모델이고 원형이다. … 그는 한 개인이 아니다. 왜냐하면 그는 민족을 대표하기 때문이다.[123]

고넬료의 그리스도교로의 개종과 그를 이방인의 원형으로서 제시하는 것은 고넬료가 이방 선교의 시작이라는 주장과 밀접한 연관성을 갖게 된다. 이처럼 이방 선교가 흑인 아프리카인이 아니라 백인 로마인에게서 시작된다고 강조함으로써 유럽중심적인 해석학적 관점의 틀을 마련하게 된다. 샌더스(Sanders)에 의하면 "누가는 실제적으로 이러한 이방 개종자들이 고넬료의 개종 전에 일어났지만 그는 고넬료 일화를 소개하기까지 그들에 관해서 말하는 것을 미루어야만 했다고 생각하는 것처럼 보인다. 왜냐하면 그것은 이방 선교의 신학적 시작이기 때문"[124]이라고 주장한다. 헨첸(Haenchen)과 샌더스(Sanders)의 해석은 이방 선교의 신학적 출발이 백인 유럽인으로부터 비롯되어야만 한다는 인종중심적이고 유럽중심적 시각을 노골적으로 반영하는 것이라고 할 수 있다. 이방선교의 시작인 동시에 첫 이방 그리스도인 개종자로서 고넬료를 제안하는 누가 연구자들은 암묵적으로 인종중심적인 시각을 통해서 사도행전을 해석하고자 하는 시도하는 것처럼 보인다. 분명히 이방인으로 등장하는 흑인 에디오피아 내시의 존재를 무시하거나 의도적으로 제외시킴을 통해서 흑인의 현존을 약화시키고 동시에 백인 유럽인의 존재를 강조함으로써 복음의 우선권이 유럽인들에게

---

[123] Jacob Jervell, "The Church of Jews and Godfearers", Joseph B. Tyson(ed.), *Luke-Acts and the Jewish People: Eight Critical Perspectives* (Minneapolis: Augsburg Publishing House, 1988), 13.

[124] Jack T. Sanders, op.cit., 257-258.

있었다는 주장을 강화하는 수단으로서 고넬료의 일화를 해석하고 있는 것이다. 포스트콜로니얼 성서 읽기의 빛에서 고넬료의 현존을 강조하는 유럽중심적이고 인종중심적인 해석학적 시각을 비판적으로 평가할 필요가 있다. 왜냐하면 이와 같이 백인 유럽인이 사도행전에서 첫 이방 개종자로서의 자격을 부여 받고 그로부터 이방 선교가 출발하고 있다고 주장하는 것은 결과적으로 비유럽적(흑인과 아시아인) 전승을 간과하거나 무시하는 억압적인 해석학적 시각을 제공할 위험이 있는 것이다. 사도행전의 인종적 정체성 주제와 관련된 텍스트를 다시 읽고 해석하려는 시도는 이와 같은 유럽중심적이고 인종중심적인 해석학적 시각을 비판적으로 평가하고 해석하려는 노력이라고 할 수 있다.

다음으로 고찰해야 할 것은 흑인 에디오피아 내시의 단락에 대한 누가 연구자들의 해석과 그들의 해석학적 시각을 살펴보는 것이다. 흑인 에디오피아인에 대한 논의와 관련한 예비적 질문에 대해서 펠더(Cain Hope Felder)는 다음과 같이 설명한다:

> 외관상 사도행전 8:26-40의 단락은 고도로 논쟁적 본문이다. 만약 에디오피아의 회계장관 즉 (에디오피아 여왕) 간다게의 회계장관은 유대인인가 또는 이방인인가 라고 우리는 호기심을 갖는다. 우리는 또한 그가 받은 세례의 효력에 관해서 호기심을 갖고 그것이 그리스도교로의 완전한 개종을 구성했는지 또는 그리스도교로의 완전한 개종으로 이끌었는지 호기심을 갖는다.[125]

흑인 에디오피아 내시에 대한 서구의 누가 연구자들의 해석학적 경향은 에디오피아 내시의 인종적 배경에 상당히 주목하고 있는 것을

---

125) Cain Hope Felder, "Race, Racism and the Biblical Narratives", Cain Hope Felder(ed.), *Stony the Road We Trod: African American Biblical Interpretation* (Minneapolis: Fortress Press, 1991), 141.

발견할 수 있다. 또한 그의 그리스도교로의 개종에 관해서 매우 회의적인 평가와 해석의 입장을 취하고 있는 것을 알 수 있다. 사도행전의 첫 이방 그리스도인 개종자로 고넬료의 현존을 강조하고자 시도하는 해석학적 입장의 결과로 대부분의 누가 연구자들은 흑인 에디오피아 내시가 '이방인'이라는 사실을 인정하고 있음에도 불구하고 그가 첫 이방인 그리스도인 개종자라는 사실에 동의하지 않는 것처럼 보인다. 샌더스(Sanders)는 "이사야를 읽고 있는 이방인 내시는 유대교에 개종한 유대인"[126]이라고 주장한다. 이와 같은 해석학적 입장을 지니는 근본적인 출발점은 이방 선교의 기원이 흑인 아프리카인으로부터 비롯된 것이 아니라 백인 유럽인으로부터 출발했다는 것을 주장하고자 시도하는 유럽중심적 해석의 관점을 함축하고 있다고 추정해 볼 수 있다. 헨첸(Haenchen)은 "사정이 어떻든(이 구절 중 어느 것도 인용되지는 않았다) 누가는 내시가 이방인이었다고 말할 수는 없었다. (그리고 그렇게 주장하지도 않았다.) 그렇지 않다면 빌립은 이방 선교의 합법적 창시자인 베드로를 앞지른 것이 되기 때문"[127]이라고 그의 해석학적 입장을 나타내고 있다. 헨첸(Haenchen)은 누가의 신학적 의도를 해석하면서 그가 지니고 있는 해석학적 관점을 연관시키고 있는 것을 발견하게 된다. 다시 말해서 헨첸(Haenchen)은 누가-행전의 저자가 사도행전에서 흑인 에디오피아 내시의 중요성을 간과하고 있다고 주장하면서 그의 해석학적 관점을 나타내고 있다. 유럽중심적이고 인종중심적인 해석학적 관점을 유지하는 서구 성서학자들에게 있어서 이방 선교의 기원이 백인(유럽인)이 아니라 흑인(아프리카인)으로부터 비롯되었다고 인정하는 것은 참기 어려운 일이었을 것이다. 빌립의

---

126) Jack T. Sanders, op.cit., 252.
127) Ernst Haenchen, op.cit., 314.

이방 선교에 대한 전승을 간과하고 의도적으로 무시하는 결과로서 이들 학자들은 베드로가 복음을 전한 로마 백부장을 첫 이방 그리스도인 개종자로 설정함으로써 흑인의 현존을 무시하거나 흑인 에디오피아 내시의 역할을 약화시키는 해석학적 실천을 수행하고 있다고 추정할 수 있다. 마틴(Martin)은 다음과 같이 주장한다:

> 에디오피아 내시의 단락은 해석의 역사에서 백인 성서 해석자들 다수에 의해서 순조롭지 않았다. 사도행전 8:26-40에 대한 성서학계의 연구를 통해서 나는 유럽중심적 학계가 대체로 그의 인종적 정체성이 누가의 서술에서 알려지지 않다고 주장하거나 (그의 인종적 정체성이) 대수롭지 않다고 주장하면서 흑인 아프리카인으로서 에디오피아인의 인종적 정체성의 의미를 무시해 왔다.[128]

마틴(Martin)의 주장을 통해서 발견할 수 있는 것은 서구의 누가 연구자들이 흑인 에디오피아 내시의 현존을 의도적으로 무시하고 간과하는 해석학적 관점을 취하고 있다는 것이다. 지금까지 흑인 에디오피아인 내시의 현존과 관련된 해석들은 에디오피아 사람의 지리적인 기원과 인종적 정체성은 사소한 관심을 받아왔다고 할 수 있다.[129] 이것은 성서 안에서 흑인 현존의 의미를 최소화하는 "생략의 정치학"[130]과 밀접한 관련이 있다고 할 수 있다. 이와 같은 생략과 배제의 전략을 통해서 비서구적 배경을 가진 사람들이 서구의 성서학자들의 해석과 재현으로부터 제외되고 그들의 중요성이 경감되는 것을 알 수 있다. 흑인 현존의 의미를 최소화 하려는 시도는 곧바로 첫 이방 그리스도인

---

128) Clarice J. Martin, op.cit., 792.
129) Clarice J. Martin, "A Chamberlain's Journey and the Challenge of Interpretation for Liberation", *Semeia* 47(1989), 105.
130) Kwok Pui-lan, *Discovering the Bible in the Non-Biblical World* (Maryknoll: Orbis Books, 1995), 90.

개종자를 유럽인으로 상정하려는 시도와 연관이 있고 이와 같은 해석학적 관점을 통해서 사도행전에서 복음의 첫 수혜자가 유럽인인 것을 강화하는 해석학적 의도와도 연관되는 것이다. 펠더(Felder)는 이와 같은 유럽 중심적인 해석학적 시도의 출발점을 누가-행전의 저자로부터 비롯되었다고 주장하고 있다:

> 누가의 신학적 구도에서 인종적 암시들은 그러나 중요하다. 왜냐하면 누가의 편집화는 이탈리아의 편(유럽인)에서 누비안(아프리카인)의 중요성을 감소시키는 것에서 비롯되고 있고, 사도행전 본문은 유럽인들에 대한 신적 편애를 논증하면서 유럽인들이 그것을 주장하도록 자격을 부여하고 있는 때문이다.[131]

펠더(Felder)가 주장하는 것처럼 누가-행전의 저자가 인종 중심적 관점에서 로마 백부장 고넬료를 흑인 에디오피아 내시보다 더 강조했다는 주장에는 동의할 수 없다. 오히려 유럽중심적인 의도를 가진 누가 연구자들이 유럽인의 우월성을 강조하려는 의도에서 흑인 현존의 의미가 약화되었다고 주장하는 것이 더 타당성이 있다고 할 수 있다. 흑인 에디오피아 내시의 일화를 해석하고자 할 때 마틴(Martin)의 해석에 주목할 필요가 있다. 마틴(Martin)은 "흑인 아프리카인 고위 관료의 개종 이야기는 흑인 아프리카인이 세계에 퍼져나가는 믿음에 포함되어야 한다는 신적 의도를 강조한다"[132]고 주장한다. 서구의 문화와 전통과 상이한 배경을 지니고 있는 성서의 등장인물들을 피부색이나 인종적인 기원과 연관된 시각으로 인해서 배제하거나 무시하는 해석을 인정할 수 없다. 다시 말해서 인종차별적인 시각을 통해서 유럽

---

131) Cain Hope Felder, "Racial Ambiguities in the Biblical Narratives", *Concilium* 151(1982), 23.
132) Clarice J. Martin, "The Acts of the Apostles", 792.

중심적이고 인종중심적인 해석을 시도하는 성서 읽기와 해석을 폭로해야 한다. 또한 다양한 문화와 인종적 배경을 지니고 있는 사람들의 다양한 정체성을 상정하면서 그와 같은 등장인물에 주목하고 그들의 목소리를 해석의 전면에 가지고 올 필요가 있다. 포스트콜로니얼 성서 읽기와 해석에 주목한다면 이제까지 서구의 전통적인 해석학적 시각과 입장으로 인해서 배제되고 침식된 비유럽적인 배경을 가진 성서의 등장인물의 재현에 주목할 필요가 있다.

4. 결론

사도행전의 첫 이방 그리스도인 개종자는 이제껏 서구의 전통적 성서 해석에서 주장해 온 것처럼 로마 백부장 고넬료가 아니라 흑인 에디오피아 내시라고 할 수 있다. 이와 같이 첫 이방 그리스도인 개종자를 흑인 에디오피아 내시를 상정하는 것은 이제까지 서구중심적인 해석학적 관점으로부터 배제되고 무시되고 또한 간과된 성서의 본래적 의미를 해방시키는 것이다. 동시에 서구의 억압적 해석에 지배를 당하고 소외되고 주변으로 밀려난 무시되어 온 목소리를 재현해 내려는 포스트콜로니얼 성서 해석의 실천을 제안할 수 있다. 포스트콜로니얼 성서 해석은 다인종적, 다문화적, 다종교적 그리고 다차원적 해석학적 관점을 제공하는 읽기 실천이어야만 하는 것이다. 세고비아(Segovia)는 다음과 같이 주장한다:

> 내가 확신하는 성서 연구의 미래는 포스트콜로니얼 탈서구적 미래이고 그 미래 안에서 인종적이고 민족적 소수인들은 서구 밖에 있든지 서구의 참호 속에 있든지 간에 근본적이고 결정적인 역할을 수행할 것이다. 그것은 성서 읽기와 해석이 다른 상황들, 관점들,

사회적 위치들과 임무들, 장소들과 이념들로부터 추구되고 분석되어질 미래인 것이다.[133]

인종중심적이고 유럽중심적 성서 해석의 억압적인 틀을 벗어나서 다양한 해석학적 관점과 시각을 제공하는 포스트콜로니얼 성서 읽기 실천에 주목하는 것은 인종적 정체성 주제를 적절하게 고찰하는 하나의 대안적 방법이 될 것이다. 이와 같은 대안적 읽기 실천은 일률적이고 획일적 읽기를 지양하고 다양한 배경과 문화를 가진 성서 안의 목소리에 대한 읽기와 해석을 제안하고 그와 같은 다양성에서 소외되고 무시되고 억압된 목소리들을 전면에 부각시키는 읽기를 제안할 것이다.

---

133) Fernando F. Segovia, "Racial and Ethnic Minorities in Biblical Studies", 490.

참고문헌

제1장 마이너리티 성서 해석을 위하여

Hall, Sturat. "Cultural Identity and Diaspora", Patrick Williams and Laura Chrisman (eds.), *Colonial Discourse and Post-Colonial Theory: A Reader* (London: Harvester Wheatsheaf, 1994), 392-403.

Kwok, Pui-lan. *Discovering the Bible in the Non-Biblical World* (Maryknoll: Orbis Books, 1995).

Said, Edward W. *Culture and Imperialism* (London: Vintage, 1993).

Sugirtharajah, R. S. *Asian Biblical Hermeneutics and Postcolonial Contesting the Interpretation* (Maryknoll: Orbis Books, 1998).

Sugirtharajah, R. S. "A Brief Memorandum on Postcolonialism and Biblical Studies", *Journal for the Study of the New Testament* 73(1999), 3-5.

Yee, Gail A. "The Author/Text/Reader and Power: Suggestions for a Critical Framework for Biblical Studies", Fernando F. Segovia and Mary Ann Tolbert (eds.), *Reading from this Place: Vol.1: Social Location and Biblical Interpre tation in the United States* (Minneapolis: Fortress Press, 1995), 109-118.

제2장 인종적 정체성과 성서 해석

Cadbury, Henry J. *The Making of Luke-Acts* (London: Macmillan and Co., Limited, 1927).

Chance, J. Bradley. *Jerusalem, the Temple, and the New Age in Luke-Acts* (Macon: Mercer University Press, 1988).

Esler, Philip Francis. *Community and Gospel in Luke-Acts: The Social and Political Motivations of Lucan Theology* (Cambridge: Cambridge University Press, 1987).

Ford, J. Massyngbaerde. "Reconciliation and Forgiveness in Luke's Gospel", Richard J. Cassidy & Philip J. Scharper (eds.), *Political Issues in Luke-Acts* (Maryknoll: Orbis Books, 1983), 80-93.

Gaston, Lloyd. "Anti-Judaism and the Passion Narrative in Luke-Acts", Peter Richardson and David Granskou (eds.), *Anti-Judaism in Early Christianity: Paul and the Gospels*. Vol.1 (Waterloo: Wilfrid Laurier University Press, 1986), 127-153.

Hare, Douglas R. A. "The Rejection of the Jews in the Synoptic Gospels and Acts", Alan T. Davies (ed.), *Anti-Semitism and the Foundations of Christianity* (New York: Paulist Press, 1979), 27-47.

Kim, Chan-Hee. "Reading the Cornelius Story from a Asian Immigrant Perspective", Fernando F. Segovia and Mary Ann Tolbert (eds.), *Reading from this Place: Vol.1: Social Location and Biblical Interpretation in the United States* (Minneapolis: Fortress Press, 1995), 165-174.

Kwok, Pui-lan. *Discovering the Bible in the Non-Biblical World* (Maryknoll: Orbis Books, 1995).

Lüdemann, Gerd. *The Unholy in Holy Scripture: The Dark Side of the Bible* (London: SCM Press Ltd, 1997).

Maddox, Robert. *The Purpose of Luke-Acts* (Edinburgh: T.&T. Clark, 1982).

Marshall, I. Howard. *Luke: Historian and Theologian* (Devon: The Paternoster Press, 1970).

Martin, Clarice J. "A Chamberlain's Journey and the Challenge of Interpretation for Liberation", *Semeia* 47(1989), 105-135.

Moxnes, Halvor. "The Social Context of Luke's Community", *Interpretation: A Journal of Bible and Theology* 48(1994), 379-389.

Osiek, Carolyn. *What are They Saying about the Social Setting of the New Testament* (New York: Paulist Press, 1992).

Pilgrim, Walter E. *Uneasy Neighbors: Church and State in the New Testament* (Minneapolis: Fortress Press, 1999).

Said, Edward W. *Culture and Imperialism* (London: Vintage, 1993).

Salmon, Marilyn. "Insider or Outsider? Luke's Relationship with Judaism", Joseph B. Tyson (ed.), *Luke-Acts and the Jewish People: Eight Critical Perspectives* (Minneapolis: Augsburg Publishing House, 1988), 76-82.

Sanders, Jack T. *The Jews in Luke-Acts* (London: SCM Press, 1987).

Stegemann, Wolfgang. "Anti-Semitic and Racist Rejudices in Titus 1:10-16", Mark G. Brett (ed.), *Ethnicity and the Bible* (Leiden: E. J. Brill, 1996), 271-294.

Sim, David. "Christianity and Ethnicity in the Gospel of Matthew", Mark G. Brett (ed.), *Ethnicity and the Bible* (Leiden: E. J. Brill, 1996), 171-195.

Stanley, Christopher D. "'Neither Jew Nor Greek': Ethnic Conflict in Graeco-Roman Society", *Journal for the Study of the New Testament* 64(1996), 101-124.

Sugirtharajah, R. S. *Asian Biblical Hermeneutics and Postcolonial Contesting the Interpretation* (Maryknoll: Orbis Books, 1998).

Tyson, Joseph B. "Jews and Judaism in Luke-Acts: Reading as a Godfearer", *New Testament Studies* 41(1995), 19-38.

Wilson, Stephen G. "The Jews and the Death of Jesus in Acts", Peter Richardson and David Granskou (eds.), *Anti-Judaism in Early Christianity: Paul and the Gospels*. Vol.1 (Waterloo: Wilfrid Laurier University Press, 1986), 155-164.

Wilson, Stephen G. *Related Strangers: Jews and Christians 70-170 C.E.* (Minneapolis: Fortress Press, 1995).

제3장 조선족 이주 노동자 선교와 성서 해석

김경호. "성서에 나타난 이방인들: 통일시대의 북한 유민들과 외국인 노동자들을 위한 신학",「시대와 민중신학」4(1997), 142-155.

임태수. "외국인 노동자를 본국인처럼 사랑하라",「민중과 신학」8(2002), 1-11.

정양모 역주.「마태오 복음서: 한국 천주교회 200주년 신약성서」(왜관: 분도출판사, 1990).

정양모.「마태오 복음 이야기」(서울: 성서와 함께, 1999).

최형묵. "'가난한 사람은 복이 있다' 외국인 노동자와 노숙자 문제에 대한 신학적 성찰",「시대와 민중신학」6(2000), 17-31.

허윤진. "이주 노동자의 인권보호를 위한 교회의 노력",「사목」296 (2003), 44-55.

Bailey, Kenneth E. *Poet & Peasant and Through Peasant Eyes* (Grand Rapids: William B. Eerdmands, 1990).

Gutirrez, Gustavo. *The God of Life* (London: SCM Press, 1991).

Hagner, Donald A. *Matthew 14-28*. Word Biblical Commentary (Dallas: Word Books, 1995).

Hare, Douglas R. A. *Matthew*. Interpretation Bible Commentary (Louisville: John Knox Press, 1993).

Harrington, Daniel J. *The Gospel of Matthew*. Sacra Pagina Series (Collegeville: The Liturgical Press, 1991).

Hill, David. *The Gospel of Matthew*. The New Century Bible Commentary (Grand Rapids: William B. Eerdmands, 1972).

Kee, Howard Clark. 서중석 역, 「신약성서의 이해」 (서울: 한국신학연구소, 1990).

Kingsbury, Jack Dean. *Matthew as Story* (Philadelphia: Fortress Press, 1986).

Long, Thomas G. *Matthew*. Westminster Bible Companion (Louisville: Westminster John Knox Press, 1997).

Schweizer, Eduard. 한국신한연구소번역실역, 「국제성서주석 마태오복음」 (서울:한국신학연구소, 1986).

Smith, Robert H. *Matthew*. Augsburg Commentary on the New Testament (Minneapolis: Augsburg Publishing House, 1989).

제4장 북한이탈주민 선교와 성서 해석

윤인진, "북한이탈주민에 대한 사회문화적 이해", 대한예수교장로회 총회 국내선교부 편,「북한이탈주민선교와 생명살리기」 (북한이탈주민선교 워크샵 자료집 2005. 5.3.), 5-22.

이대성, "북한이탈주민의 자아 정체성의 재형성에 대한 연구 - 이야기와 상징을 중심으로 -", 한민족평화선교연구소 창립 2주년 평화포럼, 2005.11.25, 1-11.

이만식, "북한이탈주민의 교회에 대한 태도를 통한 이해", 대한예수교장로회 총회 국내선교부 편, 「북한이탈주민선교와 생명살리기」(2005), 36-72.

임상필, "탈북 자유이주민 성도들을 위한 목회적 돌봄(Pastoral Care): 영적 동행(Spiritual Direction)", 한민족평화선교연구소 창립 2주년 평화포럼, 2005.11.25, 1-13.

정종훈, "북한이탈주민 선교의 그리스도교윤리적인 반성과 방향모색", 한민족평화선교연구소 창립 2주년 평화포럼, 2005.11.25, 1-13.

Ashcroft, Bill, Griffiths Gareth and Tiffin, Helen, *The Empire Writes Back: Theory and Practices in Post-colonial Literatures* (London: Routledge, 1989).

Ashcroft, Bill, Griffiths Gareth and Tiffin, Helen, *Key Concepts in Post-colonial Studies* (London: Routledge, 1998).

Betz, Hans Dieter. *Galatians*. A Commentary on Paul's Letter to the Churches in Galatia (Philadelphia: Fortress Press, 1974).

Bhabha, Homi K. *The Location of Culture* (London: Routhledge, 1994).

Brett(ed), Mark G. *Ethnicity and the Bible* (Leiden: E. J. Brill, 1996)

Geroge, Timothy. *Galatians*. The New American Commentary (Nashville: Broadman & Holman Publisher, 1994).

Guthrie, Donald. *Galatians*. New Century Bible Commentary (Grand Rapids: WM.B. Eerdmans Publ. Co., 1981).

Hall, Stuart. "Cultural Identity and Diaspora", in Patrick Williams and Laura Chrisman(eds.), *Colonial Discourse and Post-colonial Theory: A Reader* (London: Harvester Wheatsheaf, 1994), 392-403.

Hansen, G. Walter. *Galatians*. The IVP New Testament Commentary (Leicester: InterVarsity Press, 1994).

Longenecker, Richard N. *Galatians*. Word Biblical Commentary (Dallas: Word Books Publisher, 1990).

Matera, Frank J. *Galatians*. Sacra Pagina Series (Collegeville: The Liturgical Press, 1992).

Said, Edward W. *Culture and Imperialism* (London: Vintage, 1993).

Segovia, Fernando F. "Toward a Hermeneutics of the Diaspora: A Hermeneutics of Otherness and Engagement", Fernando F. Segovia and Mary Ann Tolbert (eds.), *Reading from this Place: Social Location and Biblical Interpretation in the United States*. Vol.1 (Minneapolis: Fortress Press, 1995), 57-73.

Sugirtharajah, R. S. *Asian Biblical Hermeneutics and Postcolonialism: Contesting the Interpretations* (Maryknoll: Orbis Books, 1998).

제5장 인종적 정체성과 사도행전의 포스트콜로니얼 읽기

Ashcroft, Bill, Griffiths, Gareth and Tiffin, Helen. *The Empire Writes Back: Theory and Practices in Post-colonial Literatures* (London: Routledge, 1989).

Felder, Cain Hope. "Racial Ambiguities in the Biblical Narratives", *Concilium* 151(1982), 17-24.

Felder, Cain Hope. "Race, Racism and the Biblical Narratives", Cain Hope Felder (ed.), *Stony the Road We Trod: African American Biblical Interpretation* (Minneapolis: Fortress Press, 1991), 127-145.

Haenchen, Ernst. *The Acts of the Apostles* (London: Hodder & Stoughton, 1971).

Jervell, Jacob. "The Church of Jews and Godfearers", Joseph B. Tyson(ed.), *Luke-Acts and the Jewish People: Eight Critical Perspectives* (Minneapolis: Augsburg Publishing House, 1988), 11-20.

Kwok, Pui-lan. *Discovering the Bible in the Non-Biblical World* (Maryknoll: Orbis Books, 1995).

Martin, Clarice J. "A Chamberlain's Journey and the Challenge of Interpretation for Liberation", *Semeia* 47(1989), 105-135.

Martin, Clarice J. "The Acts of the Apostles", Elisabeth Schüssler-Fiorenza (ed.), *Searching the Scriptures: A Feminist Commentary* (London: SCM Press, 1995), 763-799.

Said, Edward W. *Culture and Imperialism* (London: Vintage, 1993).

Sanders, Jack T. *The Jews in Luke-Acts* (London: SCM Press, 1987).

Segovia, Fernando F. "Toward a Hermeneutics of the Diaspora: A Hermeneutics of Otherness and Engagement", Fernando F. Segovia and Mary Ann Tolbert (eds.), *Reading from this Place: Social Location and Biblical*

Interpretation in the United States. Vol.1 (Minneapolis: Fortress Press, 1995), 57-73.

Segovia, Fernando F. "Racial and Ethnic Minorities in Biblical Studies", Mark G. Brett(ed), *Ethnicity and the Bible* (Leiden: E. J. Brill, 1996), 469-492.

Segovia, Fernando F. "Note Toward Refining the Postcolonial Optic", *Journal for the Study of the New Testament* 10(1999), 103-114.

Minority Biblical Interpretation
마이너리티 성서해석

지은이 · 박 홍 순

초판 1쇄 인쇄 · 2006년 5월 25일
초판 1쇄 발행 · 2006년 5월 30일
펴낸이 · 조석행
편집 · 차순주, 최지희
펴낸곳 · 예영 B&P
등록번호 · 가제 제 17-217호
주소 · 서울시 동대문구 용두2동 255-74 부림빌딩 302호
TEL · 02)921-2386   FAX · 02)921-2408
총판 · 예영커뮤니케이션
TEL · 02)766-7912   FAX · 02)766-8934

ISBN   89-90397-25-1   03230

값 6,500원

■ 잘못된 책은 저희 출판사나 구입처에서 직접 바꿔 드립니다. ■